As melhores escolas

A738m   Armstrong, Thomas.
       As melhores escolas : a prática educacional orientada pelo desenvolvimento humano / Thomas Armstrong ; tradução Vinícius Duarte Figueira. – Porto Alegre : Artmed, 2008.
      182p. ; 23 cm.

      ISBN 978-85-363-1325-2

      1. Educação – Ciência Cognitiva. I. Título.

      CDU 37

Catalogação na Publicação Juliana Lagôas Coelho – CRB 10/1798.

THOMAS ARMSTRONG
Doutor em Psicologia pelo California
Institute of Integral Studies

As melhores escolas

a prática educacional orientada pelo desenvolvimento humano

Tradução:
Vinícius Duarte Figueira

Consultoria, supervisão e revisão técnica desta edição:
Rogério de Castro Oliveira
Doutor em Educação.
Professor Titular da UFRGS.

2008

Obra originalmente publicada sob o título
The Best Schools: How Human Development
Research Should Inform Educational Practice
© Association for Supervision and Curriculum Development All Rights Reserved
ISBN 978-1-4166-0457-0

Capa: *Ângela Fayet Programação Visual*

Preparação do original: *Márcia da Silveira Santos*

Leitura final: *Aline Pereira de Barros*

Supervisão editorial: *Mônica Ballejo Canto*

Editoração eletrônica: *Formato Artes Gráficas*

Reservados todos os direitos de publicação, em língua portuguesa, à
ARTMED® EDITORA S.A.
Av. Jerônimo de Ornelas, 670 – Santana
90040-340 Porto Alegre RS
Fone (51) 3027-7000 Fax (51) 3027-7070

É proibida a duplicação ou reprodução deste volume, no todo ou em parte, sob quaisquer formas ou por quaisquer meios (eletrônico, mecânico, gravação, fotocópia, distribuição na Web e outros), sem permissão expressa da Editora.

SÃO PAULO
Av. Angélica, 1091 – Higienópolis
01227-100 São Paulo SP
Fone (11) 3665-1100 Fax (11) 3667-1333

SAC 0800 703-3444

IMPRESSO NO BRASIL
PRINTED IN BRAZIL

> *O futuro de Bamfylde agora: Tornar-se uma fábrica de exames ou permanecer um lugar feito para seres humanos como você e eu. Isso parece algo pelo qual vale a pena "esquentar a cabeça", não é?*
>
> Da série *To Serve Them All Days* (BBC), baseada no livro de R.F. Delderfield.

Prefácio

Qual o objetivo da educação? Será o de treinar os jovens para passar nos testes e obter notas boas ou, como certa vez disse Piaget, "treinar os jovens para que pensem por si mesmos e não aceitem a primeira idéia que lhes é oferecida"? Essa é a questão abordada neste livro convincente e importante. Armstrong defende a tese de que essas duas metas refletem discursos educacionais diferentes, que direcionam os valores, os pensamentos e as práticas pedagógicas. Um deles, o *Discurso de Resultados Acadêmicos* (bastante amparado e estimulado pela legislação *No Child Left Behind* ["Nenhuma criança deixada para trás"], do governo George W. Bush), atualmente domina a cena educacional. O outro, o *Discurso do Desenvolvimento Humano*, está em algumas escolas públicas, independentes (*charter schools*) e privadas que adaptam seus currículos às necessidades, ao interesse e "às habilidades dos alunos". As escolas que implementam o Discurso do Desenvolvimento Humano são as que Armstrong define como *as melhores escolas*.

Para sustentar sua posição contrária ao Discurso de Resultados Acadêmicos, Armstrong oferece-nos uma breve história de tal orientação e, em seguida, enumera 12 conseqüências negativas desse tipo de pedagogia. Algumas dessas conseqüências negativas, como o ensino voltado para os testes e a atenção inadequada às diferenças individuais, culturais e étnicas, são críticas conhecidas à agenda da Legislação No Child Left Behind. Quando todas essas conseqüências negativas se reúnem em um só lugar, o impacto geral é tão grande que temos de nos perguntar por que esse discurso educacional duvidoso é tão influente.

A resposta é, naturalmente, esta: o que estamos fazendo em nossas escolas nada tem a ver com o que conhecemos como pedagogia eficaz para as crianças. Em vez disso, o que fazemos em nossas escolas públicas está amplamente determinado pelas considerações de ordem social, política, econômica e cultural. Os principais interesses das crianças são muito freqüentemente deixados para trás.

Paralelamente à crítica ao Discurso de Resultados Acadêmicos, Armstrong apresenta uma breve história do Discurso do Desenvolvimento Humano e enumera 10 conseqüências positivas desta orientação pedagógica. Muitos argumentos favoráveis a uma abordagem do desenvolvimento humano na educação são por nós conhecidos e incluem a capacitação de todos os alunos para a realização de suas características individuais, de seus pontos fortes e de suas habilidades, permitindo-lhes controlar seu ambiente de aprendizagem. Armstrong argumenta que, enquanto os resultados de testes quantitativos do Discurso de Resultados Acadêmicos oferecem uma maneira fácil e rápida de documentar os resultados da instrução, os benefícios do Discurso do Desenvolvimento Humano são de longo prazo e mais evidentes em avaliações qualitativas, as quais têm validade igual ou maior como métodos de avaliação do progresso do aprendizado.

Nos demais capítulos do livro, Armstrong apresenta ilustrações de como o Discurso do Desenvolvimento Humano pode ser posto em prática na pré-escola, no ensino fundamental e no médio. Na pré-escola, a educação deve derivar do lado lúdico da criança; ou seja, em tal estágio, a aprendizagem é amplamente direcionada ao interior das crianças, e o educador pode construir o currículo com base nos interesses espontâneos delas. A ênfase do ensino fundamental, de acordo com Armstrong, deve ser a de ajudar as crianças a entender como o mundo funciona, engajando-as ativamente em atividades cotidianas. As últimas séries do ensino fundamental, etapa em que as crianças estão adquirindo habilidades de raciocínio de segunda ordem, deveriam enfatizar o crescimento social, emocional e metacognitivo. Por fim, as escolas de ensino médio deveriam devotar-se à preparação dos alunos no mundo com independência.

Nos últimos capítulos do livro, Armstrong apresenta sugestões e orientação para a prática com desenvolvimento adequado a cada um dos quatro níveis da educação. O autor também dá exemplos de práticas do modelo de Discurso de Resultados Acadêmicos que devem ser evitadas. Os últimos capítulos são os que tornam este livro diferente daqueles que lidam ou com a teoria ou com assuntos de sala de aula. Armstrong é tanto um acadêmico quanto um profissional e sabe traduzir os pressupostos teóricos do Discurso do Desenvolvimento Humano para as estratégias e práticas de ensino. Assim, este livro é um guia necessário para o Discurso do Desenvolvimento Humano e para sua aplicação no espectro educacional, da educação infantil à última série do ensino médio.

David Elkind

Sumário

Prefácio vii

Introdução 13

1 O Discurso de Resultados Acadêmicos 19

2 O Discurso do Desenvolvimento Humano 45

3 Programas de Educação para a Primeira Infância:
   Atividades Lúdicas 77

4 Escolas de Ensino Fundamental (Séries Iniciais):
   Aprendendo como o Mundo Funciona 95

5 Escolas de Ensino Fundamental (Séries Finais):
   Desenvolvimento Social, Emocional e Metacognitivo 115

6 Escolas de Ensino Médio: Preparação dos Alunos para a
   Vida Independente no Mundo 137

Conclusão 153

Apêndice 159

Referências 163

Índice 177

Introdução

Um livro cujo título é *As melhores escolas: a prática educacional orientada pelo desenvolvimento humano* evoca a imagem de uma longa lista de escolas classificadas de acordo com um padrão de excelência claramente definido. O *U.S. News and World Report* (Morse, Flanigan e Yerkie, 2005) fez isso com "as melhores faculdades"; a *Newsweek* com "as melhores escolas de ensino médio" (Kantrowitz et al., 2006); vários *sites* da internet ocuparam-se com as escolas de ensino fundamental (ver, por exemplo, www.learn4good.com). Porém, este livro não tem essas pretensões. Ao contrário, seu objetivo é descrever as melhores práticas na educação com base no conhecimento que atualmente temos sobre o desenvolvimento humano. Há ainda exemplos de mais de 50 escolas que estão envolvidas em tais práticas; no entanto, não estão classificadas de acordo com uma ordem preestabelecida e muitas outras poderiam ter sido citadas. Na pesquisa da *Newsweek*, as escolas de ensino médio foram classificadas de acordo com a seguinte fórmula: o número de testes de Advanced Placement e de International Baccalaureate[*] realizados pelos alunos de uma escola, dividido pelo número de alunos graduandos. Não há fórmulas neste livro. As tentativas de criar tais fórmulas e listas das "melhores escolas" são, em primeiro lugar, sintomáticas de uma tendência perturbadora nos Estados Unidos (e no mundo) de usar os resultados dos testes e um "rigoroso currículo acadêmico" como critério principal para se definir o que seria um

---

[*] N. de T. Testes realizados para que alunos de ensino médio cursem disciplinas da faculdade enquanto ainda estiverem no ensino médio.

ambiente de aprendizagem excelente. Em vez de resultados de testes e de rigor, a maior preocupação neste livro é com a forma pela qual as escolas se relacionam com as necessidades de desenvolvimento de seus alunos.

Por estar usando os critérios de desenvolvimento para definir "as melhores escolas", é necessário esclarecer o que se quer dizer com práticas educacionais de "desenvolvimento adequado" e de "desenvolvimento inadequado". Com certeza, qualquer educador reconhece que pôr um livro de Cálculo diante de uma criança de 2 anos e esperar que ela dê conta do assunto ao longo do ano é um ato inadequado ao desenvolvimento. No entanto, além desse cenário evidente, parece haver uma ampla gama de interpretações sobre o que de fato quer dizer "adequado ao desenvolvimento". Há quem defenda que a aprendizagem estruturada e a instrução direta são práticas adequadas ao desenvolvimento (Kozloff e Bessellieu, 2000). Eu discordo.

Também se percebe que algumas práticas consideradas inadequadas ao desenvolvimento há uma ou duas décadas, de repente, são consideradas adequadas. Os testes padronizados na educação de crianças pequenas são um exemplo. Em 1987, a National Association for the Education of Young Children (NAEYC) publicou um documento que demonstrava preocupação com a realização de testes padronizados para crianças com menos de 8 anos. Porém, 16 anos depois, a mesma NAEYC abandonou sua posição e passou à seguinte recomendação: "Fazer da avaliação ética, adequada, válida e confiável o âmago de todos os programas de ensino para crianças pequenas" (2003, p. 10). Da mesma forma, há 16 anos, quando eu escrevia um artigo sobre computadores e crianças pequenas para uma revista voltada aos pais (Armstrong, 1990), a maior parte dos especialistas em desenvolvimento infantil com quem conversei posicionou-se contra qualquer uso do computador por parte de crianças com menos de 4 anos. Atualmente, parece uma heresia sugerir que não se ofereça às crianças de 3 anos a oportunidade de prepararem-se para um futuro altamente tecnológico. Contudo, manterei a mesma posição no Capítulo 3 deste livro.

As mudanças na definição do que se considera "adequado ao desenvolvimento" ao longo das duas últimas décadas ocorreram por causa da crescente preponderância daquilo que chamarei neste livro de "Discurso de Resultados Acadêmicos". As palavras e as frases utilizadas em tal discurso incluem "responsabilidade final", "testes padronizados", "progresso adequado anual", *No Child Left Behind*, "fechamento do desnível da realização" e "currículo rigoroso". No Capítulo 1, há detalhes dos componentes, da história e dos problemas centrais relativos a esse discurso quase universalmente aceito em educação. No Capítulo 2, recomenda-se enfaticamente aos educadores que abandonem essa definição limitada de aprendizagem e que retornem aos grandes pensadores do desenvolvimento humano, formadores da prática educacional dos últimos 100 anos – Montessori, Piaget, Freud, Steiner, Erikson, Dewey, Elkind, Gardner – e às novas descobertas relativas ao modo como o cérebro desenvolve-se ao longo da infância e da adolescência. Dessa forma, é possível estabelecer um discurso renovado na educação: um Discurso do Desenvolvimento Humano, no qual se pede que os educadores e os pesquisadores prestem maior atenção às grandes diferenças qualitativas existentes nos mundos físico, emocional, cognitivo e espiritual dos alunos de pré-escola, de ensino fundamental e de ensino médio, desenvolvendo práticas educacionais sensíveis a essas necessidades diferenciadas.

Hoje é como se o termo "desenvolvimento" tenha passado a ter o significado de "desempenho dos alunos em pré-testes comparado a seu desempenho em pós-testes". Como resultado, a expressão "práticas adequadas ao desenvolvimento" não mais indica com que espécie de práticas educacionais as crianças de diferentes faixas etárias *deveriam* envolver-se, mas quais práticas elas *estão aptas* a realizar. Pelo fato de as pesquisas demonstrarem que as crianças de 3 anos estão aptas a aprender muito com o computador, tal fato se torna, *ipso facto*, "adequado ao desenvolvimento", apesar de suas reais *necessidades* requererem, sem dúvida nenhuma, amplas interações com o mundo sensorial, e não com um "mundo virtual".

A proposta do livro é que os educadores dediquem sua atenção a uma determinada necessidade de desenvolvimento em cada um dos quatro principais níveis da educação formal: a educação das crianças pequenas, as séries iniciais do ensino fundamental, as séries finais do ensino fundamental e, por último, o ensino médio. No Capítulo 3, são abordadas as atividades lúdicas como uma necessidade crucial para os alunos da pré-escola, além de se sugerir que a atual pressão das práticas acadêmicas na educação de crianças pequenas seja abandonada, pois é prejudicial ao crescimento e ao desenvolvimento delas. No Capítulo 4, sugere-se que a questão central para o desenvolvimento das crianças no início do ensino fundamental é a de *aprender como o mundo funciona* e que as práticas que retiram as crianças do contato com o mundo (levando-as para ambientes de aprendizagem artificialmente criados) estão mal-orientadas em relação ao desenvolvimento. No Capítulo 5, destaca-se a importância crucial da puberdade e da adoção de práticas educacionais nas séries finais do ensino fundamental adequadas ao desenvolvimento e voltadas à *aprendizagem social, emocional e metacognitiva*. Finalmente, no Capítulo 6, a temática gira em torno das "escolas de ensino médio voltadas ao desenvolvimento adequado" (expressão que deveria ser usada como "educação infantil voltada ao desenvolvimento adequado") que deveriam principalmente ajudar seus alunos a *prepararem-se para viver de maneira independente no mundo*. Em contrapartida, não se está sugerindo que essas sejam as *únicas* questões relativas ao desenvolvimento importantes para cada nível.

Da mesma forma, é evidente que cada uma dessas metas são fundamentais para todos os alunos, independentemente de seu nível de desenvolvimento. Os alunos do ensino médio devem ser capazes de brincar com o que aprendem, assim como os alunos da pré-escola precisam desenvolver-se social e mentalmente, bem como, até mesmo, metacognitivamente (por exemplo, quando estiverem brincando de "rei da montanha"). Contudo, quero, de fato, enfatizar que há características de desenvolvimento específicas de cada nível (por exemplo, o córtex ainda livre dos alunos da pré-escola, o contexto social mais amplo dos alunos do ensino fundamental, a experiência da puberdade no início da adolescência e a proximidade da idade adulta para os alunos do ensino médio) que tornam cada meta selecionada fundamental na criação das melhores práticas nas escolas.

O que me compele a escrever este livro é minha verdadeira preocupação em relação às pressões para que os alunos de todos os níveis atinjam resultados acadêmicos: temo que estejam levando os educadores a ignorarem as reais necessidades de desenvolvimento das crianças e dos adolescentes. A pressão para que obtenham notas mais altas nos testes e a demanda para que *todos* os alunos exibam alta proficiência em leitura, matemática e ciências está provocando reverberações em todos os níveis da educação, resultando em alunos estressados na última série do ensino médio, alunos violentos na 8ª série, alunos com déficit de atenção na 3ª, e alunos de 4 anos que tiveram suas infâncias roubadas. Não se pode permitir que essa situação continue. É hora de retornarmos às grandes questões do crescimento humano e da aprendizagem: Como podemos ajudar cada criança a alcançar seu verdadeiro potencial? Como podemos inspirar cada criança e cada adolescente a descobrir sua paixão por aprender? Como podemos honrar a jornada singular e intransferível de cada indivíduo nesta vida? Como podemos inspirar nossos alunos a desenvolverem-se como adultos maduros? Se os educadores perderem de vista essas questões em seu louco ímpeto por atingir escores mais altos, a cultura, tal como a conhecemos, poderá deixar de existir um dia. Este livro foi escrito com a esperança de que tal dia nunca chegue e que, em vez disso, consideremos o desenvolvimento natural e ideal das crianças e dos adolescentes como nosso mais sagrado dever e como nosso mais importante legado à humanidade.

1

O Discurso de Resultados Acadêmicos

Vivemos em uma época difícil para os educadores que acreditam na aprendizagem como algo que vale a pena buscar por si só e na formação humana dos alunos como propósito principal da escola. Resultados mais altos nos testes parecem estar na ordem do dia. A fim de atingir esse objetivo, os administradores esforçam-se em dar conta de agendas políticas; os professores ensinam seus alunos a obterem bons resultados nos testes; os alunos, por sua vez, ou reagem por meio da "cola" ou do uso de "esteróides de aprendizagem" (psicoestimulantes legais e ilegais), ou simplesmente não se interessam pelas demandas impostas pela escola. A aventura da aprendizagem, a fascinação da natureza e da cultura, a riqueza da experiência humana e o prazer de adquirir novas capacidades parecem ter sido abandonados ou seriamente reduzidos na sala de aula devido à inclinação ao atendimento de cotas, prazos, padrões de referência, ordens e objetivos.

A causa imediata dessa crise na educação é a lei No Child Left Behind (NCLB) de 2001, que expandiu bastante a influência do governo federal norte-americano no que acontece em sala de aula. Suas muitas prescrições envolvem testar anualmente os alunos em leitura e matemática (a partir de 2007, será incluído o teste em ciências) e a exigência de que as escolas progridam adequadamente a cada ano (exigência de progresso adequado anual – "AYP"), até que *todos* os alunos atinjam 100% de proficiência nessas áreas em 2014. Se uma escola não atingir tais objetivos, haverá penalidades, incluindo o direito de os alunos receberem aulas extraclasse ou de transferirem-se para escolas que estejam atingindo os resultados, além de também ser possível que a escola fique sob observação, o que poderá levá-la a uma intervenção pública ou privada. Embora a NCLB tenha sido saudada por muitos grupos como um grande passo em direção ao fim do desnível na obtenção de resultados para os pobres e para as minorias, sua implementação, na verdade, revelou um conjunto significativo de dificuldades (ver, por exemplo, Archer, 2005; Karp, 2003; Klein, 2006; Lee, 2006; Olson, 2005).

Além dos problemas específicos inerentes à própria lei, o que parece mais problemático na NCLB é representar a culminação de um movimento que vem ganhando fôlego na educação norte-americana há mais de 80 anos. O legado mais destrutivo da NCLB poderá ser o impedimento do diálogo relativo à educação de seres humanos (denominado neste livro de "Discurso do Desenvolvimento Humano") visando centrar-se somente em testes, parâmetros e responsabilidade final (denominado neste livro de "Discurso de Resultados Acadêmicos"). Neste capítulo, serão definidas as proposições implícitas do Discurso de Resultados Acadêmicos, será estudada sua história na educação nos Estados Unidos e será detalhado o modo como sabota os esforços dos educadores engajados na realização de um impacto positivo e duradouro na vida de seus alunos. No Capítulo 2, serão examinadas as proposições, a história e as conseqüências positivas do envolvimento com o Discurso do Desenvolvimento Humano. Se quisermos entender quais são as condições subjacentes às melhores escolas naquele país, precisamos esclarecer se estamos nos referindo às escolas com os resultados mais significativos em testes padronizados e em seu progresso anual, ou se há mais elementos humanos e *humanitários* que precisam ser considerados.

DISCURSO DE RESULTADOS ACADÊMICOS: UMA DEFINIÇÃO

Primeiramente, a explicação do que se entende por "discurso". A palavra "discurso", como substantivo, é definida no *Oxford English Dictionary* como "comunicação do pensamento por meio da fala", "a faculdade da conversação" ou "tratamento falado ou escrito de um tema" (Simpson e Weiner, 1991, p. 444). No campo da filosofia e das ciências sociais, a palavra tem uma definição mais específica:

> Considera-se o discurso como uma maneira institucionalizada do pensamento, um limite social que define o que pode ser dito sobre um determinado tópico... Os discursos afetam nossas concepções sobre tudo; em outras

palavras, não é possível escapar ao discurso. Por exemplo, dois discursos diferentes podem ser usados para descrever movimentos de guerrilha como "lutadores da libertação" ou como "terroristas". Em outras palavras, o discurso escolhido expressa o vocabulário, as expressões e talvez o estilo necessário à comunicação. (Wikipedia, s/d. § 1)

No campo da educação, alguém poderá envolver-se com o "discurso da incapacidade" (considerar uma criança, a princípio, de acordo com o que ela *não* consegue fazer, por meio de rótulos como "incapacidade de aprendizagem" ou "transtorno de déficit de atenção/hiperatividade") ou com o "discurso das diferenças de aprendizagem" (considerar a criança, a princípio, em termos de como ela aprende, esforçando-se por não rotular, mas por descrever, tão precisamente quanto for possível, as maneiras específicas pelas quais ela pensa e aprende). Em outras palavras, dois educadores podem estar observando o mesmo aluno e produzir atos de fala ou documentos escritos completamente diferentes em relação a ele.

Em meus livros anteriores, dediquei grande parte de meu tempo a delinear os contrastes entre esses dois tipos específicos de discurso (ver, por exemplo, Armstrong, 1997, 2000a). Em alguns de meus textos utilizei o termo "paradigma" para indicar algo equivalente a "discurso" (ver, por exemplo, Armstrong, 2003a). No entanto, dei preferência ao termo "discurso" porque especifica com mais precisão os atos de fala e as comunicações escritas que os educadores usam para revelar suas proposições fundamentais acerca de aprendizagem e educação. As palavras a que os educadores recorrem para descrever seus alunos, as falas dos políticos sobre educação e as leis que são criadas para reforçar tais crenças são três exemplos de atos de fala e de comunicações escritas que têm impacto imediato, prático e significativo nas práticas de sala de aula. Neste livro, serão analisados dois discursos educacionais bastante díspares, o Discurso de Resultados Acadêmicos e o Discurso do Desenvolvimento Humano. Será defendida a idéia de que os tipos de atos de fala e das comunicações escritas, (ou discursos) com os quais os educadores se envolvem hoje – pelo menos no âmbito público – são, predominantemente e cada vez mais, Discursos de Resultados Acadêmicos.

No entanto, o que é Discurso de Resultados Acadêmicos? Essa expressão é empregada para designar a totalidade de atos de fala e comunicações escritas que consideram que o propósito central da educação é o de apoiar, estimular e facilitar a capacidade que o aluno tem de obter notas e pontuações altas em testes padronizados na escola, especialmente em disciplinas que compõem o núcleo central do currículo acadêmico. Em contrapartida, o Discurso de Resultados Acadêmicos é muito mais do que essa simples definição. Há várias proposições que ajudam a dar forma ao Discurso de Resultados Acadêmicos:

Proposição 1: O *conteúdo acadêmico* e as *habilidades acadêmicas* representam o ponto-chave da aprendizagem.

Uma palavra presente na expressão Discurso de Resultados Acadêmicos revela muito sobre o que se valoriza na aprendizagem: tudo que é *acadêmico*. Em primeiro lugar, o Discurso de Resultados Acadêmicos enfatiza o conteúdo acadêmico (literatura, ciências e matemática) e as habilidades acadêmicas (leitura, escrita, resolução de problemas e pensamento crítico). São esses os aspectos em que os alunos, afinal de contas, terão de ser proficientes em 2014 e que as escolas deverão atender com melhor desempenho, como parte da lei NCLB. É possível, sem dúvida, também inserir a TI (Tecnologia da Informação, incluindo habilidade computacional) nesse panteão.

No Discurso de Resultados Acadêmicos o estudo da história, das ciências sociais e das línguas estrangeiras têm *status*, mas é secundário. As áreas, em geral, consideradas à margem no Discurso de Resultados Acadêmicos (exceto se os resultados em tais áreas estiverem estatisticamente vinculados aos resultados acadêmicos) são música, teatro, artes, educação física, educação vocacional de vários tipos (por exemplo, mecânica de automóveis, preparação de alimentos) e "habilidades de vida" (por exemplo, habilidades paternas ou estudos voltados à família, aconselhamento e orientação, cuidados pessoais e educação para a saúde). Assim, é mais importante no Discurso de Resultados Acadêmicos aprender palavras do vocabulário do futebol do que aprender a jogar futebol. É mais importante produzir uma tabela cronológica sobre a Guerra Civil Americana do que ser capaz de dramatizar eventos significativos da mesma guerra. É mais importante saber os nomes dos 206 ossos de um ser humano do que saber como cuidar desses ossos ao longo da vida por meio de dieta adequada e de exercícios.

Proposição 2: A mensuração dos resultados ocorre por meio de *notas* e de *testes padronizados*.

Outra palavra presente no Discurso de Resultados Acadêmicos, "resultados", indica-nos como os educadores querem que os alunos se envolvam com os conteúdos e com as habilidades acadêmicas. Os educadores querem que os alunos *atinjam resultados* nessas áreas. O *Oxford English Dictionary* define a palavra "achievement" (resultado, realização) "como o ato de atingir, completar ou alcançar algo por meio do empenho; conclusão, consecução, desempenho de sucesso" (Simpson e Weiner, 1991, p.12). Assim, no Discurso de Resultados Acadêmicos, é necessário completar-se com sucesso, por meio do esforço, a aquisição de conteúdos e de habilidades acadêmicas.

Como o Discurso de Resultados Acadêmicos define se os resultados foram atingidos? O método, nesse caso, para determinar se houve ou não sucesso por parte do aluno é *quantitativo* por natureza. Em outras palavras, os *números* (no contexto das notas e dos testes) são utilizados para indicar se o aluno teve sucesso ou fracassou no domínio de conteúdos e habilidades acadêmicas. O aluno que recebe média 4 (sendo 4 equivalente a A) terá atingido os objetivos, ao passo que o aluno que obtiver média 1 não os terá. O aluno que participar de um teste padronizado e classificar-se no 99º percentil terá atingido os objetivos, ao passo que o aluno que ficar no 14º percentil não os terá.

Proposição 3: O Discurso de Resultados Acadêmicos favorece um currículo *rigoroso*, *uniforme* e *comum a todos os alunos*.

Uma frase freqüente no Discurso de Resultados Acadêmicos é "aumentar o nível de exigência". Isso implica que as exigências acadêmicas estão se tornando mais rígidas e que as disciplinas acadêmicas criadas são mais rigorosas do que as anteriores (por meio do acréscimo, por exemplo, de cursos avançados ou de um programa internacional de *Baccalaureate*[*]). O Discurso de Resultados Acadêmicos promove uma situação na qual se requer que os alunos participem de cursos considerados mais difíceis, assistam à palestras mais longas, estudem mais, tenham mais tarefas para realizar em casa e envolvam-se com mais atividades de leitura, escrita e de resoluções de problemas (o oposto de atividades consideradas mais leves, como entrevistas, dramatizações e viagens de campo).

Da mesma forma, os proponentes do Discurso de Resultados Acadêmicos preferem que todos os alunos de uma escola façam o mesmo trabalho e envolvam-se com ele da mesma maneira – por meio de métodos tradicionais, como tomar notas, levantar a mão para fazer perguntas e trabalhar com livros didáticos. O Discurso de Resultados Acadêmicos em geral não

---

[*] N. de T. Testes realizados para que alunos de ensino médio cursem disciplinas da faculdade enquanto ainda estiverem no ensino médio.

favorece o envolvimento em instrução individualizada, que considere estilos individuais de aprendizagem, nem oportuniza aos alunos escolhas significativas na seleção de materiais e métodos utilizados na aprendizagem.

Proposição 4: O Discurso de Resultados Acadêmicos é, em primeiro lugar, *voltado ao futuro.*

A aprendizagem no Discurso de Resultados Acadêmicos não é valorizada por si só, isto é, pelo fato de a aprendizagem ser intrinsecamente algo que valha a pena e provoque satisfação. Ao contrário, a aprendizagem ocorre como preparação para o futuro. Os educadores querem que os alunos tenham bons resultados acadêmicos para que estejam prontos para algo que ocorrerá mais tarde (por exemplo, desafios, faculdade ou emprego). Às vezes, é o futuro próximo que está no centro da questão. Por exemplo, um professor da pré-escola poderia dizer algo como "preferiria que meus alunos não fizessem tantos exercícios, mas tenho de deixá-los prontos para o rigor da 1ª série". Uma expressão freqüentemente usada na educação da primeira infância, "estar pronto", é um forte indicador de que o Discurso de Resultados Acadêmicos está presente. Outras vezes, é evocado o futuro mais distante. Quando um político, por exemplo, diz que "a baixa pontuação nos testes, por parte das escolas norte-americanas, indica que não estamos preparando os alunos de maneira adequada para os desafios do século XXI", está falando sobre a dimensão futura do Discurso de Resultados Acadêmicos.

Proposição 5: O Discurso de Resultados Acadêmicos é *comparativo* por natureza.

Há uma preferência notória no Discurso de Resultados Acadêmicos pelas comparações entre alunos, escolas, distritos escolares, Estados ou mesmo países, sem observar as mudanças que ocorrem ao longo do tempo no interior de cada um desses grupos. Assim, por exemplo, o desempenho individual de um aluno em um teste padronizado será comparado ao desempenho de um grupo de alunos que fizeram o mesmo teste sob circunstâncias equivalentes em outro momento e lugar (uma medida "normativa"). Essa abordagem tem preferência no Discurso de Resultados Acadêmicos, e não a observação da evolução do aluno ao longo do tempo (uma medida que remete à "ipseidade"). Em nível organizacional, os escores dos testes são usados no Discurso de Resultados Acadêmicos a fim de comparar o desempenho individual das escolas ou de distritos escolares de um Estado. Cada vez mais, os resultados são publicados nos jornais da comunidade ou em *sites* na internet, tais como www.greatschools.net, de forma que os pais possam envolver-se completamente com esse aspecto do Discurso de Resultados Acadêmicos.

A expressão mais evidente desse componente do Discurso de Resultados Acadêmicos ocorre quando os escores em matemática, ciências e leitura de diferentes nações são comparados entre si. Os políticos podem então envolver-se no Discurso de Resultados Acadêmicos com declarações como esta, presente no Sumário da Lei No Child Left Behind: "Nossos alunos do último ano do ensino médio estão atrás dos alunos do Chipre e da África do Sul nos testes internacionais de matemática" (Departamento de Educação dos Estados Unidos, 2002, p. 1).

Proposição 6: O Discurso de Resultados Acadêmicos fundamenta sua alegação de validade em *pesquisas cientificamente embasadas*.

Quando promovem sua causa, os educadores e outras pessoas envolvidas no Discurso de Resultados Acadêmicos, em geral, declaram que suas estratégias de ensino e suas intervenções, bem como parâmetros e métodos de avaliação, são sustentados por dados fundamentados cientificamente. Da mesma maneira, quando defendem seu ponto de vista, a acusação feita com freqüência é a de que os programas favorecidos por seus críticos, muitas vezes, carecem de apoio cientificamente fundamentado. Essa expressão, em geral, refere-se aos resultados estatísticos obtidos por pesquisadores com Ph.D., doutorados em educação ou medicina, publicados em periódicos com revisão de pares nas áreas educacionais, psicológicas e científicas. A lei No Child Left Behind contém mais de 100 referências – ou algo próximo a isso – a pesquisas fundamentadas cientificamente e oferece uma definição ainda mais específica dessa expressão, recomendando testes aleatórios controlados, como padrão-ouro da pesquisa educacional (Olson, 2002). Citando o manual do Departamento de Educação dos Estados Unidos (2003, p. 1):

> Por exemplo, suponha que você queira testar, em uma atividade aleatória controlada, se um novo currículo de matemática para a 3ª série é mais eficaz do que o existente em sua escola. Você deve designar aleatoriamente um grande número de alunos da 3ª série para um grupo de intervenção, que segue o novo currículo, ou para um grupo de controle, que segue o currículo existente. Então, deve-se medir os resultados de ambos os grupos ao

longo do tempo, e diferenças nos resultados entre os dois grupos representariam o efeito do novo currículo se comparado ao existente.

Proposição 7: O Discurso de Resultados Acadêmicos, em geral, ocorre em um *"ambiente de cima para baixo"*, no qual os indivíduos com maior poder político impõem programas, procedimentos e políticas aos indivíduos com menor poder.

Muito do ímpeto do Discurso de Resultados Acadêmicos não vem dos educadores em sala de aula, mas dos indivíduos que têm poder político, como, por exemplo, o presidente, os governadores, os legisladores, os executivos de grandes empresas. Com base em seus atos de fala (por exemplo, "nossas crianças estão ficando para trás no mercado de idéias") e em seus textos escritos (por exemplo, leis como a NCLB), eles criam um clima segundo o qual os educadores *devem* engajar-se no Discurso de Resultados Acadêmicos. Aqueles que estiverem mais comprometidos com esse discurso no campo da educação serão, da mesma forma, indivíduos em posições de poder – por exemplo, altos funcionários da educação do Estado, superintendentes, diretores e outros tipos de administradores. Estes, por sua vez, criam um ambiente que exige daqueles que estejam sob seu comando (os professores) que falem a mesma língua, especialmente quando em presença desses supervisores e administradores. Outras fontes de poder gerdoras do Discurso de Resultados Acadêmicos são os pais, os conselhos escolares e os membros dos meios de comunicação de massa, os quais se reportam aos resultados dos testes nacionais regularmente. Na base dessa "cadeia alimentar" estão os próprios alunos, que têm pouco poder, mas que devem, ainda assim, envolver-se com o Discurso de Resultados Acadêmicos a seu modo. Um aluno pode, por exemplo, perguntar a outro: "Que nota você tirou no teste ontem?"

Proposição 8: A base de sustentação do Discurso de Resultados Acadêmicos são *as notas, os escores dos testes* e, principalmente, *o dinheiro*

Em termos de educação, a base de sustentação no Discurso de Resultados Acadêmicos está nas notas e nos escores obtidos nos testes. Não se permite que os alunos recebam o diploma do ensino médio, por exemplo, se não forem capazes de manter uma certa média em pontos ou de passar em um teste de alto nível para a faculdade. Da mesma maneira, as escolas (nos Estados Unidos) podem ser penalizadas pela lei NCLB se não progredirem anualmente em relação à proficiência de seus alunos nos escores dos testes padronizados.

Por outro lado, em um nível mais profundo, torna-se evidente que a principal meta desejada pelo Discurso de Resultados Acadêmicos parece-se com este cenário: fazer com que o aluno atinja uma média de 80%[1] (ou mais) nos cursos de Advanced Placement ou International Baccalaureate (programas que permitem aos alunos de ensino médio cursarem disciplinas da faculdade[2]); atingir um escore de 2400 no SAT; ingressar em uma faculdade ou universidade de prestígio, tal como Harvard, Yale, Princeton e Stanford; atingir os conceitos mais altos em tais instituições; graduar-se *com distinção*; atingir os mais altos escores em um teste de curso de graduação ou de escola profissionalizante; ser aprovado para uma prestigiosa faculdade de direito, medicina ou administração ou qualquer curso de pós-graduação; e então (e aqui está a compensação) assumir as posições mais lucrativas na sociedade – advogado, médico, executivo, cientista pesquisador, etc.

Esse tipo de cenário representa o ápice do sucesso em nossa cultura influenciada pelo raciocínio corporativo. Em contrapartida, como veremos no Capítulo 2, há outras metas na educação que podem equiparar-se ou serem superiores em valor às metas do Discurso de Resultados Acadêmicos.

UMA HISTÓRIA DO DISCURSO DE RESULTADOS ACADÊMICOS

Embora falar em história do Discurso de Resultados Acadêmicos seja subjetivo – considerando-se a seleção feita dos principais fatos –, acredito que seja possível construir um perfil de um movimento voltado a um engajamento cada vez mais intenso, por parte dos educadores norte-americanos, com o Discurso de Resultados Acadêmicos (ver Figura 1.1). Se eu tivesse de escolher um só evento que indicasse a presença do Discurso de Resultados Acadêmicos na história dos Estados Unidos, escolheria as recomendações do Committee on Secondary School Studies (também conhecido como Committee of Ten) que foi publicado em 1893. Esse grupo, criado pela National Education Association e presidido pelo reitor de Harvard, Charles Eliot, reuniu-se com o intuito de ordenar uma população estudantil cada vez mais diversa que surgira ao longo do século XIX nos Estados Unidos. Especialmente importante foi a questão de quanto o currículo deveria refletir as necessidades dos alunos que buscavam à universidade e dos alunos que não prosseguiriam com seus estudos após finalizarem o ensino médio. O

Committee of Ten reconheceu a diferença existente entre as necessidades dos alunos que encaminhavam-se para a faculdade e dos que não o fariam, mas recomendou, em primeiro lugar, que ambos os grupos cursassem um currículo acadêmico baseado quase inteiramente em um formato preparatório para a universidade (Pulliam e Van Patten, 1998). Dessa forma, o resultado acadêmico tornou-se a pedra angular da educação dos Estados Unidos, uma prática tendenciosa que continua até hoje.

Também significativas para o desenvolvimento do Discurso de Resultados Acadêmicos foram a criação e a implementação de programas de testes padronizados nos Estados Unidos no início do século XX. Na liderança desse movimento estava um dos primeiros psicólogos da educação, Edward L. Thorndike. De acordo com David Berliner (1993): "Thorndike promoveu a crença de que a ciência e apenas a ciência salvaria a educação. Na verdade, ele acreditava que a educação salvaria a sociedade como um todo. Sua crença era a de que se deveria dar preferência a experimentos quantitativos, e não à observação qualitativa, clínica ou naturalista" (p. 64). Em 1909, Thorndike desenvolveu o primeiro teste padro-nizado bastante usado em escolas públicas: o Thorndike Handwriting Scale. Outro fato importante foi a criação do primeiro teste de inteligência em 1905 por Alfred Binet. Em 1916, o professor de Stanford, Lewis Terman, publicou uma edição revisada da Binet-Simon Scale, conhecido como teste de inteligência Stanford-Binet, e depois adotou a sugestão do psicólogo alemão William Stern de criar um quociente de inteligência para o teste. Dessa forma nascia o teste de Q.I. Em maio de 1917, Terman e colaboradores desenvolveram os primeiros testes de inteligência de massa aplicados a milhões de recrutas dos Estados Unidos na Primeira Guerra Mundial (ver Gould, 1996). Em 1919, a Fundação Rockefeller subvencionou Terman para que desenvolvesse um teste de inteligência para crianças. Em um ano, 400 mil testes estavam disponíveis para serem utilizados em escolas de ensino fundamental públicas. Em 1923, Teman desenvolveu o Stanford Achievement Test, o primeiro de vários testes abrangentes em nível nacional, incluindo o Metropolitan Achievement Test, publicado em 1932, e o Iowa Test of Basic Skills, em 1935. Esses testes foram aplicados em dezenas de milhões de crianças em idade escolar por cerca de 80 anos. Thorndike e Terman, por isso, foram responsáveis por lançar o uso maciço de testes padronizados que se tornaria a força dinâmica do Discurso de Resultados Acadêmicos nos Estados Unidos.

As melhores escolas 29

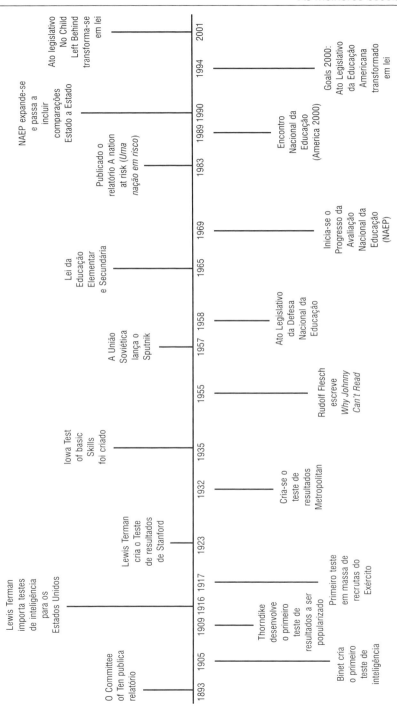

Figura 1.1 Principais fatos da história do Discurso de Resultados Acadêmicos.

Passemos rapidamente a 1955, quando um emigrante austríaco chamado Rudolf Flesch publicou um *best-seller, Why Johnny Can't Read*, que investia violentamente contra o uso de livros didáticos como os da série *Dick and Jane*, e criticava o método de leitura da "palavra inteira" ou do "olhe e diga" (Flesch, 1986). O livro de Flesch promoveu a idéia de que a questão fônica era o método preferido de ensino de leitura. Como parte de sua crítica, Flesch alegava que as crianças norte-americanas avançavam mais lentamente do que as européias na leitura, e que o fracasso das escolas públicas na educação infantil era uma ameaça à democracia. Flesch, com isso, engajou-se em um dos primeiros exemplos de Discurso de Resultados Acadêmicos a ser escolhido pelo recém-estabelecido império dos meios de comunicação de massa, transformando-se em um debate nacional sobre como se educam as crianças. Flesch elaborou várias proposições do Discurso de Resultados Acadêmicos em sua cruzada, incluindo a priorização da leitura sobre outras disciplinas, comparando o desempenho acadêmico dos alunos norte-americanos ao dos alunos de outros países e relacionando o fracasso na leitura com um potencial evento futuro: a deterioração das instituições democráticas.

Essa preocupação nacional com o baixo desempenho das crianças norte-americanas foi consideravelmente ampliada em 4 de outubro de 1957, quando a então União Soviética lançou o Sputnik I ao espaço. No mês seguinte, a foto do inventor da bomba de hidrogênio, o cientista americano Edward Teller, estava na capa da revista *Time*, e Teller avisava em um artigo: "Muitas pessoas estão com medo de que sejamos atacados pela União Soviética. Eu também não estou livre dessa preocupação. Mas não acho que esse seja o meio mais provável pelo qual eles vão derrotarnos. Eles progredirão tão rapidamente na ciência e nos deixarão tão para trás, que sua maneira de fazer as coisas será a maneira correta, e não haverá nada que possamos vir a fazer" (*Knowledge is Power*, 1957).

O Congresso respondeu ao Sputnik em 1958, aprovando a lei da Defesa Nacional da Educação, que autorizava 887 milhões de dólares durante 4 anos para empréstimos, bolsas, aquisição de equipamento e pesquisa nas áreas de matemática, ciências e línguas estrangeiras (Bruccoli e Layman, 1994). Um resultado a ser considerado da atividade espacial russa e da resposta dos Estados Unidos foi o de que as disciplinas de matemática e ciências ficaram ao lado do ensino de leitura como sendo as mais valiosas e mais captadoras de fundos nas escolas dos Estados Unidos.

Como parte da guerra contra a pobreza desencadeada pelo Presidente Johnson nos socialmente conscientes anos de 1960, o Congresso aprovou a Lei da educação primária e secundária em 1965, a qual se tornou a maior lei, referente ao ensino fundamental e médio, já instituída pelo governo federal dos Estados Unidos. Tal lei tem proporcionado bilhões de dólares em assistência a escolas, comunidades e crianças pobres, anualmente durante os últimos 40 anos, tendo-se tornado a avó de todos os outros programas subseqüentes na área de educação, incluindo os programas Head Start, Individuals with Disabilities Education Improvement Act (IDEA) e No Child Left Behind. O efeito dessa lei foi de expandir amplamente o papel do governo federal na educação e o de ampliar o escopo das burocracias educacionais estatais na administração de fundos federais.

Quando o governo federal americano havia assumido um papel central na administração dos fundos destinados às escolas, foi só questão de um pequeno salto para que houvesse o desenvolvimento de um sistema de avaliação nacional que pudesse monitorar a eficácia da intervenção governamental. Em 1969, o National Assessment of Educational Progress, também conhecido como o "The Nation's Report Card", a princípio, foi fundado com apoio financeiro da Carnegie Foundation e de outras fontes privadas, além do governo federal, que mais tarde assumiu total responsabilidade por seus fundos e por sua administração (Vinovskis, 1998). O National Assessment of Educational Progress testava o rendimento dos alunos de 9, 13 e 17 anos, em leitura, matemática e ciências. Não demorou muito para que o termo "responsabilidade final" fosse incorporado no discurso dos educadores. Richard Ohmann (2000), professor da Wesleyan University, explicou:

> Em junho de 1970, o termo "responsabilidade final" apareceu pela primeira vez no *Educational Index*, o principal banco de dados para a educação com referência ao ensino. A Biblioteca do Congresso apresentou a expressão "responsabilidade final na educação" como tema dois anos mais tarde. Uma busca de palavras na biblioteca que freqüento (University of Massachusetts, Amherst) apontou 585 títulos de livro, sendo apenas seis deles anteriores a 1970, e nenhum sobre educação. Em 1970, em *Every Kid a Winner: Accountability in Education,* de autoria do professor de pedagogia Leon M. Lessinger, apareceu; o livro foi logo caracterizado como a "bíblia da responsabilidade final". Durante os cinco anos seguintes, muitos livros foram publicados com títulos como *Accountability and Reading Instruction; Accountability and the Community College; Accountability for Educational Results; Accountability for Teachers and School Administrators.* O termo "res-

ponsabilidade final" (accountability) tinha abruptamente se tornado uma idéia estabelecida e na moda para a educação, um campo de estudos reconhecido, um movimento.

No final da década de 1970, o movimento "de volta ao básico", inicialmente estabelecido para contrapor-se aos efeitos "negativos" (isto é, a reprovação nos escores dos testes) do movimento pela educação aberta dos anos de 1960 e início dos de 1970, aproximou ainda mais a agenda nacional da educação do envolvimento com habilidades e padrões acadêmicos mais altos. Outro evento central na história do Discurso de Resultados Acadêmicos foi iniciado em 1981, quando o então presidente Reagan e o ministro da educação Terrell Bell formaram a Comissão Nacional pela Excelência na Educação para investigar a qualidade da educação nas escolas americanas. O relatório de 1983 da Comissão, *a Nation at Risk* (uma Nação em Risco), acusava as escolas americanas de desempenho medíocre e recomendava, entre outras coisas, o estabelecimento de um currículo comum e de padrões acadêmicos nacionais. Declarava-se que "todos, independentemente de raça, classe ou situação econômica, tinham o direito a uma oportunidade justa e às ferramentas para o desenvolvimento máximo de suas habilidades individuais" (Comissão Nacional pela Excelência na Educação, 1983, p.1). A historiadora da educação Diane Ravitch (2003b, p. 38) interpretou essa frase assim:

> Entre os educadores, essa mensagem foi assim traduzida: "Todas as crianças podem aprender". Essa importante máxima repudiava a prática há muito estabelecida de separar as crianças em programas diferenciados com base em sua probabilidade de ir à faculdade. A idéia de que "todas as crianças podem aprender" mudou as regras do jogo na educação americana; transformou o debate sobre acesso e recursos em debate sobre resultados. Não era mais necessário prover a mesma estrutura a todos; tornou-se necessário justificar os programas e os gastos com base no fato de os alunos terem ganhos genuínos. A retórica e a filosofia da idéia de que "todas as crianças podem aprender" teve um grande impacto nas questões educacionais, à medida que se tornava cada vez mais claro que os educadores precisavam não apenas estabelecer expectativas mais altas, mas também que deveriam elaborar métodos e incentivos para que todos os alunos aprendessem melhor e mostrassem maior empenho. Depois de *A nation at risk*, toda escola e todo distrito escolar verificaram seus parâmetros e seus currículos, mudaram as exigências para a conclusão do ensino médio e reforçaram a idéia de que os alunos cursassem mais disciplinas acadêmicas.

Os anos de 1990 presenciaram a transformação em lei de muitas das recomendações de excelência acadêmica que vinham ganhando espaço durante as duas décadas anteriores. Em 1989, o presidente Bush reuniu os governadores estaduais no primeiro Encontro Nacional da Educação. Os governadores estabeleceram seis objetivos para a melhoria da educação (apelidado de America 2000) que deveriam ser alcançados até o ano 2000, incluindo a melhoria dos índices de conclusão do ensino médio para 90%; a garantia de que os alunos da 4ª e 5ª séries do ensino fundamental e último ano do ensino médio demonstrassem competência em inglês, matemática, ciências, história e geografia; e a transformação dos Estados Unidos no país em primeiro lugar no *ranking* no desempenho escolar em matemática e ciências. Uma agenda nacional estava então finalmente sendo elaborada para que os alunos americanos atingissem um nível mais alto de desempenho acadêmico. Em 1990, A Avaliação Nacional do Progresso da Educação começou a incluir os testes em cada Estado (uma mudança que recebera inicialmente, em 1968, oposição de parte de várias organizações educacionais que temiam que os resultados fossem mal-utilizados), oferecendo assim um meio mais sofisticado de monitorar o progresso acadêmico e uma maneira de comparar os desempenhos dos 50 Estados com relação a novos objetivos. Em 1994, o presidente Clinton sancionou uma nova lei, uma versão da America 2000, chamada Goals 2000: Educate America Act, a qual formalizou uma comissão para elaborar padrões nacionais em relação ao desempenho acadêmico. Naquele mesmo ano, o Congresso também aprovou a Improving America's School's Act, que exigia que os Estados desenvolvessem padrões de desempenho, criassem avaliações alinhadas a tais padrões e estabelecessem referências para a melhoria (conhecidas como progresso anualmente adequado). Sendo assim, atividade legislativa nos anos de 1990 criou o modelo nacional que, por fim, levou ao coroamento do Discurso de Resultados Acadêmicos (No Child Left Behind Act).

CONSEQÜÊNCIAS NEGATIVAS DO DISCURSO DE RESULTADOS ACADÊMICOS

Neste momento do livro, alguns leitores devem estar pensando: "Não entendo. Sempre acreditei que os resultados acadêmicos fossem uma coisa boa! Não queremos, de fato, que nossos alunos trabalhem arduamente, aprendam muito, tenham boas notas e sejam alguém na vida?" Minha resposta é: "Claro que sim". O problema é que, quando o diálogo na educação limita-se a um modelo restrito de notas, escores de testes e pesquisas cientificamente baseadas, uma boa parte do que é a educação fica para trás. Além disso, a concentração excessiva no desenvolvimento de padrões uniformes, a implementação de um currículo rigoroso e o aumento dos escores dos testes têm várias conseqüências negativas que estão trazendo mais prejuízos do que benefícios a alunos e professores. O que se segue são algumas conseqüências negativas do Discurso de Resultados Acadêmicos.

Conseqüência negativa 1: O Discurso de Resultados Acadêmicos resulta em negação de áreas do currículo que são parte de uma educação bem articulada, das quais os alunos precisam para terem sucesso e realizarem-se na vida.

Pelo fato de a ênfase do Discurso de Resultados Acadêmicos ser o academicismo, a educação vocacional, por exemplo, recebe menos ênfase, embora muitos alunos deixem a escola e acabem por sustentar sua vida com base nas metas vocacionais. Pelo fato de o academicismo enfatizar as disciplinas acadêmicas centrais (leitura, escrita, matemática e ciências), os componentes do currículo considerados à margem (arte, música, educação física, etc.) são negligenciados. Um relatório recente elaborado pelo Conselho de Educação Básica, por exemplo, afirmou que as escolas estão se tornando mais comprometidas com áreas acadêmicas centrais, como leitura, escrita, matemática, ciências e estudos sociais, do que com arte, línguas estrangeiras e estudos sociais, com grande enfraquecimento do currículo proveniente de escolas das minorias (Von Zastrow e Janc, 2004).

Conseqüência negativa 2: O Discurso de Resultados Acadêmicos resulta em uma negação das intervenções instrucionais positivas que não podem ser validadas por dados de pesquisa com base científica.

Como se observou antes na discussão das proposições, o Discurso de Resultados Acadêmicos favorece a adoção de programas educacionais que podem ser medidos por meio de testes controlados aleatórios e de outros métodos de pesquisa tidos como rigorosos. Assim, as técnicas e as estratégias educacionais que funcionam bem para cada aluno individualmente, usadas por professores criativos de maneira impulsiva a fim de dar conta de um desafio específico do ensino, ou, ainda melhor, medidas por meio de métodos de pesquisa qualitativa, não podem ser consideradas válidas porque tais abordagens não podem ser medidas por testes de controle aleatório ou por métodos quantitativos similares. Parece que os programas mais propensos a receber apoio e validação por parte dos dados de pesquisa cientificamente embasados são aqueles que, de fato, se parecem muito com os testes que serão utilizados para validá-los. Assim, por exemplo, a Instrução Direta (ID) provou ser um dos modelos instrucionais com maior apoio dos dados de pesquisa cientificamente embasados. Com a ID, o professor desenvolve cuidadosamente planos de aula que dividem as matérias em segmentos menores, que precisam ser dominados pelos alunos antes de passar ao nível seguinte. O uso de folhas de trabalho contendo problemas similares àqueles que estarão nos testes de validação do desempenho sugere que a ID tem sucesso porque constitui uma preparação escrita para os mesmos instrumentos de validação de pesquisa.

As abordagens instrucionais resultantes do desenvolvimento, (por parte dos alunos) de atitudes positivas, habilidades de vida ou conceitos complexos que não estão refletidos nos escores de testes de desempenho terão menos chances de receber incentivos e apoio. O especialista em leitura Gerald Coles (2003, § 9), por exemplo, comentando as provisões Reading First, da lei NCLB, escreveu: "Com o Reading First, surgiu uma lista negra macartista. As pessoas candidatas aos fundos do governo rapidamente aprenderam quais conceitos, terminologia, publicações e estudiosos deveriam evitar. Os educadores (...) sentiram-se compelidos a consentir porque os fundos são escassos".

Conseqüência negativa 3: O Discurso de Resultados Acadêmicos estimula o ensino voltado aos testes.

Pelo fato de os testes de desempenho serem transformados na única ou na principal medida, no Discurso de Revoltados Acadêmicos, referente a melhorias nos alunos e nas escolas, os professores concentram sua atenção na preparação de testes, distanciando-se da aprendizagem propriamente dita. Os pesquisadores do FairTest (2004, p. 1) concluíram: "O ensino voltado para os testes estreita o currículo e força professores e alunos a concentrarem-se na memorização de fatos isolados". Em vez de criar ambientes de aprendizagem nos quais os alunos sejam livres para explorar novos conceitos e problemas de maneira criativa e imprevisível, os alunos devem agora passar por experiências de aprendizagem que são, em essência, réplicas das condições presentes nos testes. Uma professora de Nova York declarou o seguinte: "Começamos a prepará-los no início do ano. Quando ensino algo, sempre conecto o que estou ensinando ao que estará no exame. Sabemos, por exemplo, que sempre haverá algo relacionado à escrita de cartas, então ensinamos mais sobre o assunto. Sabemos que haverá algo de não-ficção; então nos certificamos de que o assunto seja dado antes do teste." Quando pede aos alunos que escrevam uma redação, usa um cronômetro que marca 10 minutos para estimular as condições de um teste" (Winerip, 2005, p. B11). Cada vez mais, os distritos escolares estão empregando os serviços de consultores para a preparação de testes que possam ajudar os professores a fazer com que os alunos obtenham escores muito altos.

Conseqüência negativa 4: O Discurso de Resultados Acadêmicos estimula a "cola" e o plágio.

Pelo fato de o sucesso na escola estar tão firmemente atrelado a pouquíssimos testes aplicados durante o ano, os alunos usam estratégias na resolução de testes que não estão incluídas na preparação. Isto é, eles aprendem a colar e a plagiar. Em uma pesquisa conduzida no *Who's Who among American High School Students*, 80% dos especialistas de alto nível disseram que haviam "colado" na escola pelo menos uma vez. "As 'colas' e a cópia das respostas não são algo novo", observaram Carolyn Kleiner e Mary Lord (1999, p. 54). "O que mudou, sustentam os especialistas, é o escopo do problema: a tecnologia que abre novas vias para a "cola", para a coragem do aluno em usá-la e para a falta de consciência em qualquer nível de ensino".

Conseqüência negativa 5: O Discurso de Resultados Acadêmicos estimula a manipulação dos resultados dos testes por parte de professores e administradores.

Pelo fato de professores, administradores e funcionários da educação pública serem pressionados para produzir altos resultados em testes que atendam as exigências estaduais e federais, eles começam a manipular as estatísticas com criatividade e, em alguns casos, envolvem-se totalmente com a "cola". Os estatísticos da educação falam agora, com freqüência, em efeito do "Lago Wobegon" (baseado na cidade mítica de Lago Wobegon, criada por Garrison Keillor, "onde todas as crianças estão acima da média"), uma situação na qual todos os Estados relatam um desempenho acima da média, mesmo quando se sabe que isso é, em termos estatísticos, impossível. No sistema escolar de Houston, os alunos desistentes foram convenientemente deixados de fora de um relatório sobre a melhoria dos resultados dos testes naquela cidade. "O distrito escolar de Houston relatou uma taxa de 1,5% de desistência, mas os educadores e especialistas indicaram que a taxa real foi entre 25 e 50% (CBS News, 2004, § 14). Em Illinois, um estudo realizado pelo professor de economia Steven Leavitt sugeriu que casos sérios de professores ou diretores trapaceando ocorreram em 5% das salas de aula do ensino fundamental no distrito escolar de Chicago (Leavitt e Dubner, 2005).

Conseqüência negativa 6: O Discurso de Resultados Acadêmicos estimula o uso de substâncias ilegais, por parte dos estudantes, como auxiliares ao desempenho.

Para lidar com a ordem de currículos e exigências mais difíceis e rigorosos, os alunos estão cada vez mais recorrendo ao uso de drogas estimulantes e de outros produtos, a fim de que se mantenham alertas enquanto fazem suas tarefas ou estudam para um exame. Em alguns casos, os alunos que obtiveram legalmente prescrições para o uso de Ritalina, Adderall ou de outros psicoestimulantes por causa de TDAH (transtorno de déficit de atenção/hiperatividade) dão ou vendem os remédios aos colegas para que estes "arrebentem" em seu desempenho acadêmico. "É como se fossem esteróides para a mente", disse Becky Beacom, gerente de educação para a saúde na Palo Alto Medical Foundation, na Califórnia. "Os alunos acham que precisam de algo mais para ingressar na faculdade". Dos 1304 alunos do ensino médio de Palo Alto pesquisados, 7% disse que havia usado tais substâncias sem prescrição pelo menos uma vez. "É como cafeína ou Red Bull", disse um aluno da última série do ensino médio, declarando que um amigo dá a ele Adderall para ajudar a concentrar-se em exames finais ou em trabalhos importantes. "É como qualquer outro estimulante" (Patel, 2005). Infelizmente, essas drogas são perigosas – especialmente para quem a droga não foi prescrita –, pois provocam dependência, tiques e, em situações raras, psicoses.

Conseqüência negativa 7: O Discurso de Resultados Acadêmicos transfere o controle do currículo das mãos dos educadores para as organizações que definem os parâmetros e os exames.

Os educadores são especialistas em ensino e aprendizagem, e não políticos, funcionários do governo ou de empresas de testes padronizados. Infelizmente, a ênfase crescente que se dá ao uso de testes de desempenho para medir a melhoria da escola indica que o poder de controlar a estrutura e o fluxo da aprendizagem está sendo passado a burocratas cuja compreensão do processo de ensino e aprendizagem é pequena. Um professor que leciona entre 5ª e 8ª séries e que estava tentando implementar um currículo integrado em sua escola registrou seu estado de choque quando lhe disseram que a escola teria de passar menos tempo ensinado estudos sociais e ciências no currículo.

> Como professor de estudos sociais e membro de uma equipe interdisciplinar da 8ª série, não conseguia acreditar no que ouvia. Ainda assim, enquanto a diretora continuava a explicar à nossa equipe porque precisávamos dedicar mais tempo ao inglês e à matemática em detrimento de estudos sociais e ciências, pude, a contragosto, entender sua lógica: um alto percentual de alunos havia sido reprovado em edições anteriores do teste estadual, o Massachusetts Comprehensive Assessment System (MCAS)... Todos os alunos devem ser aprovados em inglês e matemática para que possam habilitar-se à conclusão do ensino médio. Portanto, deviam dedicar mais tempo de ensino a inglês e matemática, e menos tempo a disciplinas como estudos sociais e ciências, que, apesar de testadas, não possuem um índice mínimo de acertos para tal habilitação (Vogler, 2003, p.5).

Conseqüência negativa 8: O Discurso de Resultados Acadêmicos produz níveis prejudiciais de estresse em professores e alunos.

Como os alunos estão sujeitos a uma pressão cada vez maior, proveniente das exigências dos próprios cursos, de mais atividades a serem cumpridas em casa, da ansiedade atrelada aos testes, quem é vulnerável a essa espécie de pressão desenvolve sintomas relacionados, como distúrbios do sono, irritabilidade, dificuldade de concentração, dores de cabeça e de estômago, agressividade e problemas de aprendizagem. Como uma professora do Texas disse a respeito do teste de desempenho de seu Estado, o Texas Assessment of Knowledge and Skills (TAKS): "Os testes práticos do TAKS ocorrem semanalmente, quando não diariamente. Já vi alunos de 8 anos sofrendo de insônia por causa do estresse e da ansiedade atrelados aos testes" (Reyher, 2005, § 5). Um professor de Stanford, Dennis Clark Pope (2003, p. 3), acompanhou vários alunos de ótimo desempenho no ensino médio e descobriu o mesmo: "Para obter boas notas, a aluna Eve dormia apenas duas ou três horas por noite e vivia em estado constante de estresse. O aluno Kevin tem de enfrentar a ansiedade e a frustração quando tenta equilibrar as altas expectativas de seu pai com seu próprio desejo de 'ter uma vida' fora da escola... Os alunos Teresa e Roberto apelam a ações drásticas quando pressentem que não manterão as notas necessárias a uma carreira futura".

Forçados a ensinar sob condições que não foram escolhidas por eles e tendo de enfrentar sanções por não cumprir exigências mais rígidas, os professores também experimentam sintomas de estresse, e muitos, ao final, não resistem, desistindo de ensinar. Uma pesquisa de 1996, feita pela National Education Association (Delisio, 2001) revelou que a maioria dos professores que abandonam a profissão o faz por fatores relacionados ao estresse. "Acho que os níveis de estresse [entre os professores] são muito altos porque as expectativas são altas e as demandas muito mais altas ainda", disse Albert Madden, conselheiro da Stevens Elementary School, em Williamsport, Pennsylvania. "Parte das razões pelas quais os professores experimentam sintomas de esgotamento se deve ao fato de que se importam muito com o que ocorre, mas, ao mesmo tempo, ao fato de que há muitas coisas que não podem controlar" (Delisio, 2001, § 4).

Conseqüência negativa 9: O Discurso de Resultados Acadêmicos aumenta as chances de que os alunos sejam impedidos de avançar e de que desistam antes de terminar o curso.

Muitos alunos que já se encontram em uma situação acadêmica difícil percebem que seus problemas se multiplicam quando há um acréscimo de mais atividades de leitura, mais tarefas de casa e mais pressão proveniente de testes. Como os testes cada vez mais determinam quem poderá passar para o nível seguinte e, ao final do processo, graduar-se, um número cada vez maior de alunos não consegue avançar. À medida que se eleva a frustração, há uma motivação maior para que se abandone a escola. Um estudo recente da Arizona State University sobre as enormes pressões associadas à lei No Child Left Behind concluiu que incrementos na pressão provenientes dos testes *não* estão associados com melhor desempenho acadêmico, mas com maior reprovação e desistência (Nichols, Glass e Berliner, 2005). Uma ex-professora e crítica da educação, Susan

Ohanian, apontou para as descobertas das pesquisas sobre a relação entre reprovação e desistência: "Reprovados 10 alunos em uma determinada série, apenas três chegarão à cerimônia de graduação ao final do curso; reprovados os mesmos alunos duas vezes, nenhum deles terminará seus estudos. Nenhum. E os alunos afro-americanos e latinos são reprovados duas vezes mais do que os brancos" (Ohanian, 2003, § 29).

Conseqüência negativa 10: O Discurso de Resultados Acadêmicos não leva em consideração as diferenças individuais referentes a aspectos culturais, estilos e velocidade de aprendizagem, além de outros fatores cruciais das vidas das crianças.

O Discurso de Resultados Acadêmicos favorece uma mentalidade do tipo "tamanho único" quando elabora currículos, parâmetros e exigências dos testes. Isso está de acordo com a crença na igualdade (todas as crianças podem aprender), mas não leva em consideração as grandes diferenças entre os alunos, de sua preparação para a aprendizagem, para o crescimento social e emocional, suas habilidades e dificuldades de aprendizagem, seu temperamento, seus interesses e suas preferências. Uma professora de Portland, Oregon, refletiu sobre como as exigências demasiadas não reconheciam as necessidades singulares de seus alunos:

> A aluna Farida veio de um campo de refugiados no Leste da África para Roosevelt. Seu coração está cheio das mortes que testemunhou – membros da família assassinados no paredão. Ela jamais havia pego em uma caneta ou em um lápis antes de vir para Roosevelt, com 15 anos. Sendo uma recém-chegada nos Estados Unidos, Farida foi forçada a fazer testes em inglês, língua que começou a aprender há apenas 3 anos. Ela precisa de tempo para recuperar-se, para aprender a ler e a escrever, precisa de tempo... Michael, que tem 17 anos, lê como um aluno de 4ª série. Qualquer parágrafo contém mistérios indecifráveis para sua mente. Não é de admirar que ele tenha desistido do teste estadual padronizado de leitura, que ele já fez, e no qual foi reprovado três vezes. (Ambrosio, 2003, § 13-14)

Conseqüência negativa 11: O Discurso de Resultados Acadêmicos corta na base o valor intrínseco da aprendizagem em si.

Pelo fato de o Discurso de Resultados Acadêmicos empregar atividades de aprendizagem na sala de aula que são projetadas para melhorar os escores em testes de desempenho acadêmico, todo o processo de aprendizagem torna-se desvalorizado; os alunos não mais aprendem simplesmente pela alegria de aprender, mas para obter notas mais altas. Como Kohn (1999) e outros autores apontaram, quando os alunos envolvem-se com atividades de sala de aula para serem recompensados por elas (com elogios, estrelas, boas notas ou escores altos nos testes), sua motivação intrínseca é que sofre. Já que a motivação intrínseca é, pode-se dizer, a qualidade mais importante a ser desenvolvida ao longo da educação de uma criança, o solapamento da alegria de aprender pode ser uma das mais trágicas conseqüências do Discurso de Resultados Acadêmicos (ver, por exemplo, Armstrong, 1991, 1998).

Conseqüência negativa 12: O Discurso de Resultados Acadêmicos resulta na instituição de práticas não adequadas ao desenvolvimento nas escolas.

Como resultado do enfoque centrado em altos padrões, em um currículo mais rígido e em testes de alta exigência, os educadores começaram a preparar os alunos para o rigor em idades cada vez mais precoces. As práticas antes consideradas de desenvolvimento adequado para os alunos da 1ª série passaram a fazer parte do currículo da pré-escola. Cada vez mais a educação da primeira infância está sendo invadida por tarefas de casa, trabalhos escritos, folhas de exercícios, atividades de computador, períodos mais longos nas escolas, menos tempo para férias e outras práticas inadequadas ao desenvolvimento (ver Capítulo 3 para uma discussão mais aprofundada). Na escola Malaika Early Learning Center, em Milwaukee, Wisconsin, as crianças pequenas freqüentam a escola no período das 9h às 15h15. "Há 20 anos, as pessoas teriam dito: 'É demais para um aluno de 4 anos. Estamos exigindo muito dele!'", disse Keona Jones, diretora da escola. "Hoje entendemos que, para impedir o desnível no aproveitamento, temos de dispor de mais tempo de ensino" (Carr, 2004, § 44).

Além de desequilibrar a qualidade dos programas de ensino da primeira infância, o Discurso de Resultados Acadêmicos também resultou em um aumento na incidência de práticas inadequadas ao desenvolvimento em todos os níveis de ensino, da pré-escola ao ensino médio. Será tarefa do resto deste livro examinar exatamente como esse prejuízo ocorreu e detalhar o que precisará ser feito para garantir que as crianças e os adolescentes sejam educados não de acordo com as agendas de políticos e dos calendários de testes, mas de acordo com seus parâmetros naturais de crescimento e desenvolvimento. Para começar essa tarefa, dedicaremos o próximo capítulo a explorar uma forma alternativa de discurso educacional, o Discurso do Desenvolvimento Humano, que ocorre com muito menos freqüência do que nas décadas passadas, mas que precisa ser rapidamente ressuscitado para que as escolas e a cultura tenham a chance de continuar a ser humanas.

PARA ESTUDO FUTURO

1. Com que freqüência você e seus colegas envolvem-se com o Discurso de Resultados Acadêmicos? Leia a seguinte lista de palavras-chave e de frases do Discurso de Resultados Acadêmicos e observe quantas vezes durante o dia típico de trabalho na escola essas palavras são utilizadas nas conversas ou nos textos escritos para a comunicação com alunos, professores, administradores e pais.

   Sucesso ou fracasso acadêmico
   Aceleração
   Responsabilidade final
   Progresso anual adequado ou suficiente
   Alinhamento (do currículo) aos parâmetros
   Avaliações anuais
   Abaixo ou acima da média
   Pontos de referência
   Calibrar
   Impedir o desnível no desenvolvimento acadêmico
   Conseqüências
   Conteúdo
   Dados
   Instrumentos para diagnóstico
   Eficácia
   Excelência
   Reprovação
   Ficar para trás
   Metas
   Altas (ou baixas) expectativas
   Testes de alto nível

Implementação
Melhoria
Escolas de alto ou baixo desempenho
Alunos de alto ou baixo desempenho
Mandatos
Domínio (de um assunto)
Exigências mínimas
Normativo
Normas
Objetivos
Resultados
Percentagens
Desempenho
Progresso
Aumentar a exigência
Prontidão
Remediar
Recompensar
Currículo rigoroso
Rubricas
Sanções
Pesquisa cientificamente embasada
Parâmetros
Alvos

Há contextos específicos nos quais essas palavras são usadas com maior freqüência (por exemplo, reuniões de pessoal, reuniões de planejamento educacional individualizadas, situações que antecedem os testes em sala de aula)? Durante um dia, faça o registro de toda vez que uma palavra ou expressão dessa lista tenha sido mencionado em suas conversas ou em textos que escreveu ou leu. Discuta os resultados com os colegas. Acrescente quaisquer palavras ou frases ausentes da lista e que você considere parte do Discurso de Resultados Acadêmicos.

2. Discuta com seus colegas quais conseqüências negativas do Discurso de Resultados Acadêmicos descritas neste capítulo mais se aplicam a seu ambiente escolar. Dê exemplos concretos de sua rotina escolar. Que outras conseqüências negativas não citadas neste capítulo parecem ocorrer em sua escola como resultado do Discurso de Resultados Acadêmicos?

3. Em sua opinião, as conseqüências negativas do Discurso de Resultados Acadêmicos são superiores às negativas ou é o contrário que acontece? Discuta com seus colegas os pontos positivos e os pontos negativos da ênfase cada vez maior que se dá aos testes, ao currículo rigoroso, aos parâmetros uniformes, à Lei No Child Left Behind, às exigências para o vestibular e outras tendências similares na educação. Sua escola está mais próxima ou mais distante dessas práticas?

4. Investigue a história do Discurso de Resultados Acadêmicos por meio da história da educação que você encontra em uma enciclopédia, em uma ferramenta de busca *on-line* ou em outra referência. Estude as origens do Discurso de Resultados Acadêmicos no desenvolvimento da civilização ocidental (por exemplo, durante o Iluminismo, o sistema da universidade medieval, na Grécia e na Roma antigas).

NOTAS

1 Ver http://www.state.gov/m/dghr/flo/rsrcs/pubs/4579.htm
2 Ver http://www.state.gov/m/dghr/flo/rsrcs/pubs/4579.htm

2

O Discurso do Desenvolvimento Humano

Ao longo dos 20 anos que treino professores, há uma pergunta que me foi feita mais do que qualquer outra. Diz mais ou menos o seguinte: "Sim, Dr. Armstrong, o que você tem a dizer sobre essas novas práticas de ensino é muito interessante, mas o que as pesquisas dizem sobre como isso tudo vai aumentar os níveis de desempenho acadêmico dos alunos?". Eu, naturalmente, tento responder a contento e cito vários estudos e experimentos que espero aplaquem a necessidade de informação. Contudo, fico frustrado com a freqüência da questão e, em vez de regurgitar dados de pesquisa, em geral pergunto-lhes o seguinte: "Quantos de vocês abraçaram a profissão de professor porque queriam levar os escores dos testes às alturas?". Durante esses 20 anos, não houve sequer um professor que tenha levantado sua mão. Então, faço outra pergunta: "Quantos de vocês abraçaram a profissão de professor porque queriam ajudar os alunos a atingir seu potencial máximo?". Invariavelmente, a maior parte dos professores levanta sua mão.

Esse fato apresenta um dilema interessante. De um lado, os professores parecem relutar em adotar reformas educacionais, a não ser que tenham certeza de que as mudanças serão convertidas em resultados acadêmicos mais altos. Em outras palavras, quando a pressão começa a ameaçá-los, os professores adotam o Discurso de Resultados Acadêmicos. Ainda assim, quando se faz uma pergunta que tenta profundamente sondar seus sistemas de crença sobre a aprendizagem ("O que fez com que você quisesse ser professor?"), nenhum deles indica que melhorar os dados do desempenho acadêmico tenha sido a força que lhes motivou. Em vez disso, os professores falam de coisas em itens mais "leves", como inspirar as crianças, liberar potenciais, nutrir o desenvolvimento de suas vidas, fazer a diferença na vida dos alunos e garantir aos alunos sucesso na vida. Os professores dizem que *esses* são os aspectos que realmente importam no que diz respeito à educação da próxima geração.

Quando os professores e outros educadores falam assim, estão adotando um discurso bastante diferente do Discurso de Resultados Acadêmicos. Estão sendo parte do que denomino Discurso do Desenvolvimento Humano. Neste capítulo, serão analisados os principais pressupostos do Discurso do Desenvolvimento Humano; será apresentada a história de seu desenvolvimento na educação e, por fim, serão delineadas as várias conseqüências positivas do envolvimento com esse discurso em um nível fundamentalmente profundo nas escolas ("em um nível fundamentalmente profundo" porque alguns indivíduos e algumas instituições adotam o Discurso do Desenvolvimento Humano em nível muito superficial, a fim de mascarar o fato de que estão, na verdade, envolvidos com o Discurso de Resultados Acadêmicos). Por exemplo, no Capítulo 1, percebeu-se que o influente relatório *A Nation at Risk*, de 1983, incluía esta famosa frase de abertura: "Todos, independentemente de raça, classe ou condição econômica, têm o direito a uma oportunidade justa e às ferramentas para o desenvolvimento máximo de suas habilidades individuais, espirituais e mentais" (Comissão Nacional pela Excelência na Educação, 1983, p. 1). Como veremos neste capítulo, a frase "o desenvolvimento máximo de suas habilidades individuais, espirituais e mentais" é um bom exemplo do Discurso do Desenvolvimento Humano. Contudo, *A Nation at Risk* era fundamentalmente um documento que favorecia fortemente exigências mais rígidas para a conclusão do ensino médio, mais disciplinas acadêmicas (inglês, matemática, ciências, ciência da computação, ciências sociais), "parâmetros mais rigorosos e mensuráveis", e mais tempo dedicado aos estudos e às disciplinas cursadas. Todas essas recomendações são componentes-chave do Discurso de Resultados Acadêmicos.

Da mesma forma, no preâmbulo da lei No Child Left Behind, de 2001, o presidente George W. Bush escreveu: "Consideradas em conjunto, essas reformas expressam minha crença profunda em nossas escolas públicas e em sua missão de construir o espírito e o caráter de toda criança, de qualquer origem e em qualquer parte da América" (Departamento de Educação dos Estados Unidos, 2002, p. 2). Ao usar a frase "construir o espírito e o caráter de toda criança", o presidente Bush se volta ao Discurso do Desenvolvimento Humano. Porém, a face real da lei é aquela de favorecer primordialmente medidas que reforçam, por meio de sanções, a elevação dos escores dos testes de desempenho acadêmico. Quando ouvimos o Discurso do Desenvolvimento Humano nos ambientes educacionais, devemos estar prontos para distinguir entre as situações em que está sendo usado para encobrir outro tipo de discurso ou outra agenda e as situações em que está sendo usado para fundamentalmente dar conta de todos os níveis do processo educacional, da pesquisa e da avaliação ao ensino e à liderança escolar.

DISCURSO DO DESENVOLVIMENTO HUMANO: UMA DEFINIÇÃO

Se começarmos com uma palavra deste discurso ("humano"), poderemos descobrir muitos aspectos de sua definição, especialmente quando fazemos um contraponto com uma palavra do Discurso de Resultados Acadêmicos – "acadêmico". Logo percebemos que o mais importante sobre o Discurso do Desenvolvimento Humano é a maior ênfase nos *seres humanos*, e não no *academicismo*. Assim, o Discurso do Desenvolvimento Humano tem uma perspectiva mais ampla que o Discurso de Resultados Acadêmicos. A palavra "acadêmico" representa algo que não está vivo e que é objetivo e finito. Por outro lado, "humano" representa uma entidade viva, subjetiva e possivelmente infinita. Se tivermos de definir integralmente o mundo acadêmico (um mundo carente de conteúdo), chegaríamos ao ponto em que teríamos coberto todos os seus aspectos. Por outro lado, ao definir "humano", é bastante provável que jamais chegássemos a um fim de nossas discussões sobre o tema. "Acadêmico" é algo que se encontra objetivamente sob a forma de livros, testes, palestras, exigências, planos de ensino, etc. "Humano" é algo que está em nós – é de nós mesmos que falamos. O discurso e a pessoa que com que ele se envolve são a mesma entidade. Dado o fato de que estamos falando sobre nós neste discurso, teríamos de concluir que há muito mais significação e que muito mais está em jogo no envolvimento com o Discurso do Desenvolvimento Humano do que no envolvimento com o Discurso de Resultados Acadêmicos.

A segunda palavra presente em cada um dos discursos é reveladora. No Discurso do Desenvolvimento Humano, aprendemos que o que é mais importante é o *desenvolvimento* dos seres humanos. A palavra "desenvolver" (em inglês, "develop") está etimologicamente relacionada a uma palavra mais antiga da língua inglesa, que é *"disvelop"*, a uma palavra de origem provençal, *"desvolopar"* e a uma palavra do italiano moderno *"svillupare"*, as quais contêm os significados de "desembrulhar", "desenrolar", "desdobrar", "desenredar" e "libertar-se" (Simpson e Weiner, 1991, p. 423). Assim, o que parece ser o tema do Discurso do Desenvolvimento Humano é na verdade, o desenrolar ou o desdobrar do humano, assim como o sentido de desenredar, livrar ou libertar o humano de dificuldades, complicações ou obstáculos.

Por outro lado, a palavra "resultado" (em inglês *achievement*) se relaciona à expressão francesa *à chief* (*venir*), a qual remete ao latim *ad caput venire*, que significa "atingir o ponto culminante" ou "finalizar" (Simpson e Weiner, 1991, p. 12). A palavra "desenvolvimento" (*development*) sugere um processo contínuo, algo que está ocorrendo ao longo do tempo. Alguma coisa que é humana está vindo a ser ou está sendo liberada. A palavra "resultado" (*achievement*) tem significado bastante diferente, pois não trata de um processo que ocorre ao longo do tempo, mas sobre um *resultado final*. É como se tal palavra dissesse: "Não me incomode com o que já aconteceu ou com o que esteja acontecendo agora, simplesmente *resolva*, *finalize*, *termine com isso*, *Caput!*". O Discurso do Desenvolvimento Humano se interessa pela história como um todo *à medida que ela se desenrola*. O Discurso de Resultados Acadêmicos se interessa por chegar logo à última página da história para descobrir se o mordomo é o culpado! (ver Figura 2.1 para uma comparação das características dos dois discursos).

Embora possa parecer que eu esteja abordando detalhes desnecessários ao apontar para as origens dos termos, acredito que essas diferenças subjacentes na etimologia das palavras sublinham grandes diferenças entre os dois tipos de discurso educacional. Uma boa definição prática para o Discurso do Desenvolvimento Humano, conforme utilizada na educação, poderia ser "a totalidade de atos de fala e de textos escritos que vêem o propósito da educação primeiramente em termos de apoio, estímulo e facilitação do crescimento do aluno como um ser humano, incluindo seu desdobramento cognitivo, emocional, ético, criativo e espiritual". A seguir, são contrapostas as conseqüências do Discurso de Resultados Acadêmicos descritas no capítulo anterior com uma proposição correspondente do Discurso do Desenvolvimento Humano.

	Abordagem	
Contexto	Discurso de Resultados Acadêmicos	Discurso do Desenvolvimento Humano
Tradição intelectual	positivismo	humanismo
Orientação de tempo	voltado ao futuro	voltado ao passado, ao presente e ao futuro
Principal abordagem de pesquisa	quantitativo	qualitativo
Principal método de avaliação do aluno	testes padronizados	observação e documentação natural
Estrutura de poder	ordens dadas de cima para baixo	idéias difundidas desde a base
Aspecto mais valorizado da aprendizagem	produto final	o processo, do início ao fim
Método de mensuração do progresso do aluno	normatividade	ipseidade
Aspecto mais importante a ser ensinado	capacidade acadêmica	como viver como um ser humano integral
Parte mais importante da aprendizagem	instituições (escolas, distritos, estados)	seres humanos, individualmente
Papel mais importante dos professores	ir ao encontro das normas institucionais	inspirar nos alunos a paixão pela aprendizagem
Sua reivindicação de validade baseia-se em	pesquisas cientificamente embasadas	riquezas da experiência humana
Temas mais importantes na escola	leitura, matemática, ciência	capacidade de viver bem, artes, educação vocacional, humanidades, as ciências e a conexão entre elas
Ponto mais importante	escores altos nos testes, dinheiro	maturidade, felicidade

Figura 2.1 Comparação das características do Discurso de Resultados Acadêmicos e do Discurso do Desenvolvimento Humano.

Proposição 1: Tornar-se integralmente um ser humano é o aspecto mais importante da aprendizagem.

O Discurso de Resultados Acadêmicos tende a estreitar as metas da educação apenas à aquisição exitosa de conteúdos e habilidades acadêmicos. Por outro lado, o Discurso do Desenvolvimento Humano aproxima-se mais de capturar o significado original da palavra inglesa *education*, que remete à palavra latina *educare*: "criar, cultivar". A palavra inglesa *education* está também etimologicamente relacionada à palavra *educe*, cujo sentido é "pôr para fora, extrair, desenvolver a partir de uma condição de existência latente, rudimentar ou meramente potencial" (Simpson e Weiner, 1991, p. 496). Assim, descobrimos que, no âmago, a educação é, na verdade, o meio de facilitar o desenvolvimento humano. Em nenhum ponto da definição vemos uma referência a "ampliar ao máximo os escores dos testes". Uma professora de educação de Stanford, Nel Noddings (2005), mostrou que a história da educação americana está enraizada no sentido do desenvolvimento da pessoa como um todo. Ela observa, por exemplo, que Thomas Jefferson incluiu em um relatório de 1818, *Report of the Commissioners for the University of Virginia,* uma lista de metas educacionais que incluíam moral, entendimento dos deveres para com os vizinhos e para com o país, conhecimento de direitos, inteligência e lealdade nas relações sociais. Além disso, A National Education Association, em seu relatório de 1918, *Cardinal Principles of Secondary Education,* detalhou sete objetivos da educação, incluindo saúde, domínio de processos fundamentais, atitude doméstica digna, vocação profissional, cidadania, uso digno do lazer e caráter ético. Desde aquela época, muitos outros educadores e psicólogos envolveram-se com a pesquisa e criaram teorias e programas para descrever e *projetar* por meio da educação muitos aspectos do que é desenvolver-se como ser humano cognitiva, afetiva, social, moral e espiritualmente. O trabalho de muitos desses pensadores será descrito na próxima seção deste capítulo.

Proposição 2: Avaliar o crescimento de um ser humano integral é um processo significativo, contínuo e *qualitativo* que envolve em si o crescimento humano.

Os principais meios de mensuração ou avaliação do progresso do aluno do Discurso de Resultados Acadêmicos é o uso de testes padronizados de desempenho, os quais são, em si, não experiências de aprendizagem, mas ambientes artificiais criados por meio de uma colaboração com elaboradores de testes, pesquisadores educacionais e educadores. Esses "eventos" artificiais ocorrem em momentos específicos, que são *interrupções* das reais experiências de aprendizagem. Em outras palavras, os alunos devem *parar de aprender* e envolver-se com um teste – por um período de 45 minutos ou 2 horas, ou durante um dia ou uma semana – a fim de que os educadores possam medir o que os alunos aprenderam durante um período anterior de instrução. Por outro lado, o Discurso do Desenvolvimento Humano, preocupa-se com a mensuração do crescimento da aprendizagem *em meio à própria experiência de aprendizagem.* Uma das mais importantes abordagens usadas para avaliar a aprendizagem no Discurso do Desenvolvimento Humano é o registro das experiências de aprendizagem reais de cada aluno ao longo do tempo. Isso inclui o que o aluno disse, desenhou, escreveu, sentiu, cantou, experimentou, pensou (naquilo que se revela objetivamente), demonstrou ou expressou de maneira significativa em um contexto de aprendizagem real. A avaliação propriamente dita serve como experiência de aprendizagem para o aluno. Por exemplo, um aluno pode sentar-se junto ao professor e falar sobre 20 amostras de suas poesias escritas entre setembro e dezembro, ou assistir a vídeos de sua interação com os colegas feitos do início e ao fim do semestre. Assim, como resultado do processo de avaliação, os alunos aprendem mais sobre si mesmos, o que propicia evidências vívidas e tangíveis de aprendizagem, as quais não são obtidas por meio de conceitos e escores em testes.

Proposição 3: O Discurso do Desenvolvimento Humano favorece um currículo *flexível*, isto é, *individualizado*, que oferece escolhas *significativas* aos alunos.

Em vez da mentalidade "tamanho único" do Discurso de Resultados Acadêmicos, que faz com que os alunos percorram um labirinto acadêmico padronizado para atingir o sucesso escolar, o Discurso do Desenvolvimento Humano considera cada indivíduo como um ser humano singular, com sua própria maneira de lidar com os desafios de desenvolvimento oferecidos pela vida. Assim, há um respeito por qualquer aluno e por seu estilo e ritmo específicos de aprendizagem, bem como uma apreciação dos interesses, das aspirações, das capacidades, dos obstáculos, dos temperamentos e dos históricos que formam a base sob a qual uma pessoa cresce. Em vez de insistir na necessidade de um aluno dominar tal assunto, o Discurso do Desenvolvimento Humano está muito mais preocupado em moldar o currículo às necessidades específicas do aluno. Em vez de impor o que todos os alunos devem aprender, o Discurso do Desenvolvimento Humano implica a criação de ambientes de aprendizagem que permitam ao aluno fazer escolhas significativas sobre o que aprenderá ao longo de suas experiências escolares, a fim de ajudá-lo a desenvolver sua versão particular do que seja um ser humano integral.

Proposição 4: O Discurso do Desenvolvimento Humano está interessado no passado, no presente e no futuro de qualquer aluno.

Enquanto o Discurso de Resultados Acadêmicos premia o *futuro* (por exemplo, preparar o aluno para os desafios do século XXI), o Discurso do Desenvolvimento Humano se volta à trajetória do desenvolvimento do aluno ao longo do tempo, de suas primeiras experiências na infância a suas últimas expressões de maturidade na idade adulta. Dá-se atenção, por exemplo, a experiências traumáticas que possam ter ocorrido na infância e ter criado obstáculos ao crescimento e à aprendizagem no presente. O Discurso do Desenvolvimento Humano fala em opções viáveis que facilitem o desenvolvimento, incluindo a provisão de um ambiente de aprendizagem seguro, a construção da confiança na relação de aprendizagem e o uso de outras abordagens terapêuticas que estimulem o crescimento ao máximo. Da mesma forma, o Discurso do Desenvolvimento Humano vai além de apenas ver o sucesso futuro em termos de faculdade, pós-graduação e um trabalho lucrativo, poderoso e prestigioso. Embora essas metas possam ser parte de um desenvolvimento exitoso para alguns alunos, o Discurso do Desenvolvimento Humano busca cultivar as habilidades do aluno, de modo que seu futuro possa incluir relações exitosas com os outros, serviços significativos à comunidade, maturidade emocional, comportamento ético e paixão pela aprendizagem, entre muitas outras metas não-acadêmicas. Mais importante do que tudo é o fato de o Discurso do Desenvolvimento Humano considerar o momento de ensino presente como a única e melhor oportunidade para sanar problemas anteriores relacionados à educação e para inspirar expectativas positivas em relação ao futuro.

Proposição 5: O Discurso do Desenvolvimento Humano é "*ipsativo*" por natureza.

A maior parte dos educadores conhece a palavra "normativo" como um termo utilizado em testes. Tal palavra refere-se ao processo de comparar o desempenho acadêmico de um aluno em um teste padronizado com o de um grupo de alunos que fez o mesmo teste sob condições similares em algum momento do passado. Os resultados do grupo são tomados como norma. Em outras palavras, o grupo é considerado a representação do comportamento "normal" no teste, com o qual todos os alunos futuros devem ser comparados. O Discurso do Desenvolvimento Humano, por outro lado, está muito mais envolvido com discussões relacionadas ao crescimento "ipsativo" (palavra não usada comumente, ou sequer conhecida, em muitos círculos educacionais). Isso, por si só, é prova da predominância do Discurso de Resultados Acadêmicos na educação. "Ipsativo" significa "proveniente do eu" e, no contexto da avaliação na educação, quer dizer comparar o desempenho presente de uma pessoa a seus próprios desempenhos anteriores. Vemos essa abordagem avaliativa ser mais utilizada no âmbito dos esportes (por exemplo, "Aumentei minha distância no salto em distância em 15 cm nos últimos quatro meses!). Pelo fato de o Discurso do Desenvolvimento Humano estar preocupado com o desenvolvimento humano individual, considera a abordagem "ipsativa" como a mais natural para medir o crescimento e a aprendizagem. No começo do ano, por exemplo, o aluno não conseguia ler *The cat in the hat,* levantar-se sozinho, desenhar uma pessoa, usar a palavra "desculpe!" quando se chocava com alguém ou falar um pouco sobre como estava se sentindo. Ao final do ano, ele já conseguia fazer tudo isso. Ainda assim, recebeu conceito D e obteve um escore de 30% em testes de desempenho no começo e no final do ano. Da perspectiva do Discurso de Resultados Acadêmicos, o aluno é uma falha normativa. Da perspectiva do Discurso do Desenvolvimento Humano, é um sucesso "ipsativo".

Proposição 6: O Discurso do Desenvolvimento Humano baseia sua validade na riqueza da experiência humana.

Aqueles que discutem o Discurso de Resultados Acadêmicos orgulham-se do fato de que suas perspectivas estão firmemente baseadas em dados de pesquisa científicos. Eles não consideram os esforços de quem apenas usa informações "anedóticas" em suas pesquisas. Essa atitude revela uma diferença fundamental entre o Discurso de Resultados Acadêmicos e o Discurso do Desenvolvimento Humano no que diz respeito ao tipo de conhecimento que é mais valorizado pelo aluno. Como observamos no Capítulo 1, o Discurso de Resultados Acadêmicos valoriza muito os dados quantitativos (percentuais, escalas de avaliação, coeficientes correlacionados). O Discurso do Desenvolvimento Humano, por outro lado, valoriza imensamente as informações qualitativas: o que o aluno faz ou experimenta em um ambiente de aprendizagem significativo. Do ponto de vista do Discurso de Resultados Acadêmicos, essas informações são consideradas inferiores por serem tidas como vagas, inconsistentes e subjetivas. Da perspectiva do Discurso do Desenvolvimento Humano, por outro lado, os dados quantitativos são, em geral, considerados inferiores como base para validação, pois são artificiais, enganosos e desconectados da experiência humana.

Podemos considerar esses dois discursos em relação à ampla tradição da Filosofia ocidental. O Discurso de Resultados Acadêmicos está enraizado na tradição do "positivismo", ou seja, na convicção de que a verdade só é encontrada em evidências científicas objetivas. As formas dessa abordagem podem ser encontradas até mesmo nos filósofos gregos, como

Aristóteles e Epicuro, mas tal posição teve sua verdadeira origem durante as descobertas científicas do século XVII (ver, por exemplo, Galileu, 1632, 2001), e no movimento filosófico do Iluminismo, quando filósofos como La Mettrie (1748/1994), Locke (1690/1994) e, mais tarde, Auguste Comte (1830/1988), com quem o termo é mais intimamente associado, defendiam a tese de que a abordagem empírica na ciência deveria ser a base para todas as pesquisas humanas.

Em contrapartida, o Discurso do Desenvolvimento Humano, está enraizado na tradição do humanismo, naquele fluxo de pensamento filosófico que afirma a dignidade e o valor de todas as pessoas. Formas dessa tradição intelectual podem ser encontradas nos pensadores gregos, como Platão e sua profunda apreciação do que é o bem, a verdade e o belo, emergindo mais recentemente desde o século XIII até o XVI, no Renascimento, quando os pensadores ocidentais começaram a demonstrar um interesse renovado por temas humanos em vez de teológicos, da forma como se encontravam na arte, na poesia, na arquitetura e em outros campos de estudo (Ross e McLaughlin, 1977). O período inicial e romântico do século XIX (que em parte era uma contra-reação à racionalidade do Iluminismo) presenciou uma expansão de temas humanísticos, com ênfase nas emoções, na imaginação e no desenvolvimento criativo individual, como se evidencia no pensamento de Rousseau (1781/1953), Goethe (1774/1989) e dos poetas românticos (Auden e Pearson, 1977). No século XX a escola filosófica da fenomenologia (ver, por exemplo, Husserl, 1970), que acredita que a verdade pode ser melhor descoberta na experiência humana subjetiva, e a escola do existencialismo (Kaufmann, 1988), que valoriza a escolha afirmativa individual em meio a sistemas autoritários ou na ausência de qualquer sistema para guiar a conduta humana, serviriam como fundamento adicional para o Discurso do Desenvolvimento Humano. O ponto a ser defendido é o de que as reivindicações de validade do Discurso do Desenvolvimento Humano não são inferiores às reivindicações do Discurso de Resultados Acadêmicos, mas estão apenas enraizadas em uma *tradição intelectual diferente.*

Da mesma forma, os métodos de pesquisa utilizados no Discurso do Desenvolvimento Humano não são inferiores às metodologias cientificamente embasadas do Discurso de Resultados Acadêmicos. São, na verdade, métodos enraizados na tradição humanista. As abordagens de pesquisa congruentes com o Discurso do Desenvolvimento Humano que podem ser empregadas para explorar o valor dos programas e dos métodos educacionais incluem estudos de caso individuais, relatos pessoais, estudos de base fenomenológica sobre a aprendizagem dos alunos, interpretações hermenêuticas dos trabalhos dos alunos, estudos heurísticos, observação participativa antropológica, estudos etnográficos de campo e pesquisa qualitativa baseada em ações, entre muitas outras abordagens qualitativas (ver, por exemplo, Bogdan e Bicklen, 1998; Denzin e Lincoln, 2005; LeCompte e Preissle, 1993; Merriam, 1998). Por fim, deve-se mencionar que as reivindicações de validade do Discurso do Desenvolvimento Humano são freqüentemente baseadas na experiência do senso comum dos reais participantes da aprendizagem, enquanto as reivindicações do Discurso de Resultados Acadêmicos são, muitas vezes, baseadas em dados abstratos oferecidos por um especialista distante.

Para ilustrar essa dicotomia, gostaria de contar uma história cujas origens estão no Oriente Médio. Um homem foi até a casa de um amigo para pedir emprestado seu burro. O amigo abriu a porta e, desculpando-se, disse que já havia emprestado seu burro a alguém naquele dia. Ao ir embora, o homem ouviu o burro zurrar na parte de trás da casa, o que fez com que voltasse correndo e batesse novamente à porta da casa de seu amigo. O amigo abriu a porta, e o homem então disse: "Pensei que você tivesse emprestado seu burro hoje!". O amigo disse: "Eu emprestei". O homem então falou: "Mas eu ouvi o burro zurrando atrás de sua casa!". O amigo respondeu-lhe: "Em quem você vai acreditar, no burro ou em mim?" (uma versão dessa história pode ser encontrada em Shah, 1993, p. 62). Os educadores que usam o Discurso do Desenvolvimento Humano confiam nas evidências que têm diante dos olhos – o entusiasmo de uma criança que acabou de aprender sobre o crescimento de uma flor, a coragem de uma criança que aprende a ler em meio à pobreza, o brilho transcendente dos olhos de uma criança depois de fazer um objeto de arte. Esses fatores intangíveis – tipicamente desconsiderados no Discurso de Resultados Acadêmicos – fornecem os verdadeiros "dados" que marcam o desenvolvimento de um ser humano.

Proposição 7: O Discurso do Desenvolvimento Humano em geral ocorre como parte de um esforço de base dos profissionais (por exemplo, os professores), inspirados por pensadores criativos da educação e da psicologia.

No Capítulo 1, observamos que o Discurso de Resultados Acadêmicos ocorre de cima para baixo, o que quer dizer que as pessoas com mais poder (políticos, administradores, pesquisadores) impõem suas políticas às pessoas com menos poder (professores e alunos). Ao contrário disso, o Discurso do Desenvolvimento Humano é *igualitário* por natureza, envolvendo administradores, professores e alunos no compartilhamento de conhecimento e de aprendizagem em uma atmosfera de confiança e sinergia. Não que não haja uma estrutura de poder própria, mas é o poder das idéias, e não dos políticos, que é importante. O Discurso do Desenvolvimento Humano freqüentemente começa quando um pensador altamente criativo – como Jean-Jacques Rousseau, Maria Montessori, Rudolf Steiner, John Dewey ou Jean Piaget – compartilha seus pensamentos sobre como as crianças crescem e aprendem. Isso pode se expressar na forma de um livro (Emílio, de Rousseau), de uma escola experimental (por exemplo, a Escola-Laboratório da University of Chicago, de John Dewey) ou de um programa educacional (método Montessori). A partir desses pontos de partida, os professores são inspirados a continuar o discurso desde a raiz por meio de suas próprias escolas, escrevendo seus próprios livros e criando seus próprios programas, ou de algum modo, fazendo com que milagres educacionais aconteçam com os alunos. Dessa forma, o Discurso do Desenvolvimento Humano espalha sua mensagem e sua compreensão sobre crescimento e aprendizagem pelo mundo inteiro.

Proposição 8: O ponto fundamental do Discurso do Desenvolvimento Humano é a *felicidade*.

Pode-se pensar, é claro, em muitas possibilidades para as metas mais elevadas da educação e do desenvolvimento humano: sabedoria, integridade, criatividade, auto-realização, caráter, mente aberta, generosidade, individualidade, espiritualidade, etc. Porém, eu considero a felicidade como sendo o conceito que mais se aproxima do ponto fundamental do Discurso do Desenvolvimento Humano. Não se trata da felicidade como estado emocional subjetivo. Uma criança pode ficar feliz ao comer algum doce, mas esse tipo de felicidade desaparecerá no momento seguinte. Trata-se de uma felicidade mais no sentido em que o imperador romano Marco Aurélio defendia quando escreveu: "A felicidade e a infelicidade do animal racional e social não depende do que ele sente, mas do que ele faz; assim como sua virtude e seu vício consistem não em sentir, mas em fazer" (Bartlett, 1919, p. 941). A felicidade vem das ações, e não das palavras, e de viver a vida ao máximo. Da mesma forma, a felicidade não depende da riqueza material ou de realizações externas. Nesse sentido, difere consideravelmente da razão fundamental do Discurso de Resultados Acadêmicos: o dinheiro. Como disse o educador e clérigo americano Henry van Dyke: "A felicidade está no interior de cada um, e não do lado de fora. Assim, ela não depende do que temos, mas do que somos". O objetivo principal do Discurso do Desenvolvimento Humano é facilitar o crescimento de um ser humano integralmente, que, apesar dos obstáculos e dos desafios, é capaz de satisfazer-se profundamente com os fatos de sua vida. Como apontou Nel Noddings (2005, p. 10), "os grandes pensadores associaram a felicidade a qualidades como uma vida intelectual rica, relações humanas gratificantes, amor pelo lar e pelo lugar em que se está, caráter idôneo, paternidade responsável, espiritualidade e um emprego de que se goste muito". Quando tudo isso é comparado a boas notas em provas e a uma conta bancária "gorda", não há mesmo o que comparar.

UMA HISTÓRIA DO DISCURSO DO DESENVOLVIMENTO HUMANO NA EDUCAÇÃO

Como observamos ainda neste capítulo, as raízes do Discurso do Desenvolvimento Humano podem ser encontradas em várias tradições filosóficas, desde a época dos gregos até nossos dias. Nesta parte do capítulo, será apresentado um relato mais específico de como o Discurso do Desenvolvimento Humano evoluiu na educação ao longo dos anos (ver Figura 2.2). Talvez as primeiras indicações de que o Discurso do Desenvolvimento Humano estivesse em prática ocorram em *A República*, de Platão, em que Sócrates usa o método dialético de exposição para ajudar alguns de seus interlocutores a avançar um grau na hierarquia de personalidades de bronze, prata e ouro, consideradas por Sócrates como geralmente fixadas ao nascer (Segrue, 1995). Nos tempos modernos, o educador tcheco do século XVII, João Amos Comenius (Jan Amos Komensky) é freqüentemente creditado como o primeiro pensador a considerar a educação como um processo de desenvolvimento que começa nos primeiros dias da infância e continua ao longo da vida. Comenius criou sua filosofia educacional, em parte, pela observação dos processos da natureza em funcionamento. Ele escreveu: "O desenvolvimento vem de dentro. A natureza não obriga a avançar aquele que não esteja maduro a fazê-lo por conta própria" (*apud* LeBar, 1987, p. 19). Ele trabalhava em suas reformas educacionais *com* as forças da natureza e não contra elas.

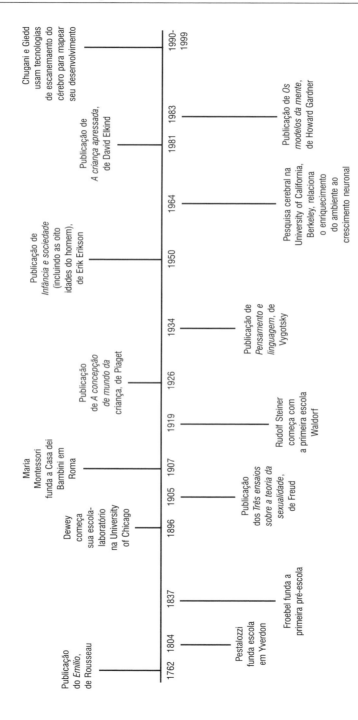

Figura 2.2. Principais eventos da história do Discurso do Desenvolvimento Humano.

O filósofo do século XVIII Jean-Jacques Rousseau levou essa abordagem natural na educação a outro patamar com a publicação de *Emílio*, que pode ser considerado como o texto iniciador do Discurso do Desenvolvimento Humano na educação contemporânea. Em tal livro, Rousseau descreveu a educação ideal de um menino chamado Emílio (e depois de uma menina chamada Sofia), enfatizando que as crianças nascem com a inclinação natural para aprender e que uma educação adequada deveria respeitar o crescimento dos talentos da criança e protegê-la de restrições sociais. Dirigindo-se às mães, Rousseau escreveu: "É a você que me dirijo, afável e previdente mãe, que é capaz de manter o arbusto longe da estrada e de protegê-lo do impacto com as opiniões humanas! Cultive e regue a nova planta antes que ela morra. Seus frutos um dia serão seu deleite. Cerque a alma de sua criança já bem no princípio" (Rousseau, 1762/1979, p. 38).

O educador suíço Johann Heinrich Pestalozzi tomou emprestadas as idéias de Rousseau e melhorou-as com um modelo escolar em Bergdorf e, mais tarde, em Yverdon, na Suíça. Ele acreditava que as crianças deveriam aprender por meio do envolvimento ativo com as coisas do mundo, fazendo aquilo que lhes interessava. Em sua obra seminal na área de educação, *Como Gertrude ensina suas crianças* (escrita em 1801), o autor apresentou suas próprias descobertas sobre os poderes de desenvolvimento da criança. Como Pestalozzi (1894) escreveu:

> O resultado de assistir a esse aperfeiçoamento dos estágios iniciais (de uma lição) em muito superou minhas expectativas. De imediato, desenvolveu-se nas crianças uma consciência de um poder até então desconhecido e particularmente uma sensação geral de beleza e ordem. Elas sentiram o poder que tinham, e o tédio daquele tom escolar comumente conhecido sumiu por completo das minhas salas de aula. As crianças queriam, tentavam, perseveravam, conseguiam e riam. O tom delas não era aquele de aprendizes, mas o tom de poderes desconhecidos que despertavam do sono; de um coração e de uma mente entusiasmados com o sentimento relativo ao que esses poderes poderiam fazer por elas. As crianças ensinavam umas às outras. Tentavam colocar em prática o que eu dissera-lhes para fazer e, com freqüência, chegavam sozinhas aos meios de execução, a partir de muitas perspectivas. Essa auto-atividade, desenvolvida de maneiras muito diferentes no começo da aprendizagem, funcionou muito fortemente para fazer nascer e aumentar a convicção em mim de que toda instrução verdadeira e educativa deve vir das próprias crianças e nascer com elas.

Pestalozzi, por sua vez, influenciou o educador alemão Froebel, o qual criou a primeira pré-escola do mundo, com ênfase em atividades lúdicas, em materiais concretos de aprendizagem (chamados "presentes") e "profissões" que incluíam atividades de arte, jardinagem e dança. Em seu livro, *A educação do homem*, Froebel (1887, p. 8) continuou a usar as metáforas da natureza para descrever o desenvolvimento das crianças pequenas. Criticando os métodos manipulativos de educação então usados em seu país, escreveu:

> Dedicamos espaço e tempo às plantas e aos animais pequenos porque sabemos que, de acordo com as leis em que vivem, se desenvolverão adequadamente e crescerão bem; os animais e as plantas pequenos recebem de nós a possibilidade de descansar, e evitamos interferir em seu crescimento porque se fizermos o contrário perturbaremos seu desenvolvimento puro e sadio; no entanto, o ser humano pequeno é visto como um pedaço de cera ou de argila que podemos moldar como bem entendermos.

As pré-escolas de Froebel foram fechadas pelo governo prussiano durante as repressões políticas de 1848, mas suas idéias foram trazidas para a América por imigrantes alemães na segunda metade do século XIX.

O Discurso do Desenvolvimento Humano na educação recebeu um grande impulso nos Estados Unidos com o trabalho do filósofo e educador John Dewey. Em 1896, Dewey e sua esposa, Alice, fundaram a escola-laboratório da University of Chicago, que viria a ser um solo fértil para a tentativa de implementação de idéias educacionais inovadoras baseadas no envolvimento da criança com experiências da vida real no contexto de uma comunidade democrática. Na escola-laboratório, por exemplo, os alunos aprendiam química, física e biologia investigando os processos que ocorriam enquanto preparavam seu café da manhã durante as aulas. Em seu texto seminal *Minha crença pedagógica*, Dewey (1897, p. 77) deixou claro ter confiança nos processos de desenvolvimento de seus alunos:

> Os próprios instintos e poderes da criança fornecem o material e o ponto de partida para toda educação. A não ser nos casos em que o trabalho do educador está conectado com alguma atividade que a criança esteja realizando por sua própria iniciativa e independente dele, a educação torna-se apenas uma pressão externa. A educação pode, na verdade, dar algum resultado externo, mas não pode ser chamada de educação. Sem um *insight* da estrutura psicológica e das atividades do indivíduo, o processo educacional será aleatório e arbitrário. Se tiver a oportunidade de coincidir com a atividade da criança estará mais equilibrado; se não tiver, resultará em atrito, em desintegração ou bloqueio da natureza da criança.

Outra influência importante para o crescimento do Discurso do Desenvolvimento Humano, que ocorreu por volta da virada do século XX, foi a obra de Sigmund Freud. Seu trabalho com o inconsciente, a ênfase na importância das experiências da primeira infância para a vida adulta e a formulação de uma teoria de fases da infância e da adolescência com base em instintos sexuais e agressivos (as fases oral, anal, fálica, latência e genital) trouxeram uma nova dimensão ao entendimento de como as crianças e os adolescentes crescem e aprendem (Freud, 1905/2000). As idéias de Freud foram aplicadas à educação por muitos educadores durante o século XX – entre eles, A. S. Neill, Carl Rogers, Bruno Bettelheim e William Glasser –, todos enfatizando a natureza destrutiva de métodos repressivos de aprendizagem, a importância da expressão emocional e a necessidade de ser mais sensível ao mundo interior das crianças e dos adolescentes (Bettelheim, 1989; Glasser, 1975; Neill, 1995; Rogers, 1994). Além disso, vários dos discípulos de Freud, incluindo Alfred Adler, Carl Jung e Erik Erikson, criaram teorias de desenvolvimento que seriam utilizadas pelos educadores durante o século XX (Erikson, 1993; Hoffman, 1994; Jung, 1969). O primeiro texto publicado por Erikson – *Psychoanalysis and the future of education* –, expressou a esperança de que "a verdade do poder de cura do autoconhecimento (...) oferecerá uma 'visão clara' que resultará em 'uma nova educação' das crianças" (1935). Erikson influenciou o psiquiatra Robert Coles, cujas narrativas de crianças falando sobre religião, política, moralidade e outras questões importantes, freqüentemente em meio à pobreza e à crise, ofereceram um registro pessoal singular dos desafios de desenvolvimento que muitas delas enfrentam ao crescer em um mundo complexo (ver, por exemplo, Coles, 1991, 2000, 2003).

Antes de tornar-se um psicanalista, Erik Erikson havia sido treinado como um professor do método Montessori. Maria Montessori é outra educadora do século XX que teve um papel primordial na formação do Discurso do Desenvolvimento Humano na educação. Sendo a primeira mulher na Itália a receber um diploma em medicina, Montessori desenvolveu um grande interesse pelas crianças e, em 1907, começou uma escola em uma área muito pobre de Roma, a *Casa dei Bambini* (A casa das crianças), o qual serviu como fator de comprovação de muitas idéias, estratégias e materiais que seriam parte do Método Montessori, uma abordagem educacional que se espalharia pelo mundo nas décadas seguintes. Seu método foi, fundamentalmente, baseado em um grande respeito pela capacidade que as crianças têm de aprender sobre o mundo sem a interferência dos adultos. Montessori (1984, p. 36) escreveu:

> Supondo-se que eu falasse sobre um planeta sem escolas ou professores, onde o estudo fosse algo desconhecido e onde, ainda assim, os habitantes – que não fazem nada a não ser viver e andar pelo mundo – viessem a conhecer todas as coisas, a carregar em suas mentes a aprendizagem como um todo: você não pensaria que eu estivesse criando uma ficção? Pois bem, isso, que parece ser tão fantasioso a ponto de ser considerado apenas invenção de uma imaginação fértil, é uma realidade. É a maneira pela qual a criança aprende. É esse o caminho que ela segue. Ela aprende tudo sem saber que está aprendendo e, ao fazê-lo, pouco passa do inconsciente ao consciente, sempre percorrendo os caminhos da alegria e do amor.

Outro pensador conhecido por desenvolver um sistema holístico de educação é o filósofo e místico austríaco Rudolf Steiner, que, em 1919, recebeu um pedido do proprietário da fábrica de cigarros Waldorf Astoria em Stuttgart para fundar e dirigir uma escola para as crianças dos trabalhadores da cidade. Seu trabalho acabou por conduzir ao estabelecimento da Waldorf Education, que atualmente envolve mais de 800 escolas em 40 países. Steiner acreditava que as crianças eram seres triplos (espírito, alma e corpo) que se subdividiam em três estágios de desenvolvimento de sete anos cada um. Os primeiros sete anos, de acordo com Steiner, deveriam ser dedicados ao desenvolvimento das capacidades físicas (a educação da mão). Os sete anos seguintes deveriam envolver o cultivo da vida emocional (a educação do coração). Os outros sete anos deveriam educar a vida intelectual do adolescente (a educação da mente). A maneira singular de Steiner construir o currículo dava atenção a cada uma dessas necessidades de desenvolvimento, com o dia escolar dividido em três partes. O começo do dia escolar envolvia a mente (trabalho intelectual), o meio do dia era dedicado ao coração (histórias, música e ritmo) e o fim do dia escolar era dedicado à mão (atividades físicas e práticas) (ver Steiner, 1995, 2000).

Outra linha histórica do Discurso do Desenvolvimento Humano começou quando o trabalho do epistemólogo suíço Jean Piaget com Alfred Binet e os testes de inteligência fizeram com que aquele ficasse fascinado com os meios pelos quais as crianças pensam sobre o mundo. Em uma série de livros e artigos notáveis, escritos entre a década de 1920 e a de 1970, Piaget estudou o modo como as crianças pensam sobre o tempo, sobre o espaço e sobre os números, sobre a lógica e sobre muitos outros aspectos do mundo objetivo (ver, por exemplo, Piaget, 1975, 1998, 2000). Ele foi um dos primeiros pesquisadores a demonstrar (por meio de estudos de caso e de observações naturais) que as crianças pensam de maneiras qualitativamente diferentes dos adultos. Piaget desenvolveu uma teoria de estádios ou fases para descrever como o pensamento das crianças tornava-se cada vez mais complexo com o passar do tempo, começando com um período sensório-motor, durante os dois primeiros anos de vida; um estádio pré-operatório (transicional) dos 3 aos 6, um estádio operatório concreto (as primeiras aplicações de uma lógica semelhante à adulta) dos 7 aos 11; um estádio operatório formal (em que o adolescente é capaz de pensar sem referência a coisas concretas) dos 11 aos 12. Suas teorias forneceram a base para outros pesquisadores, como Lawrence Kohlberg, Jerome Bruner e Howard Gardner, pesquisarem outros aspectos dos processos de desenvolvimento da cognição, como julgamento moral, construção do sentido e desenvolvimento artístico (ver, por exemplo, Bruner, 2004; Gardner, 1991; Kohlberg, 1981). Outro aluno de Piaget, David Elkind, estudou o impacto que as práticas culturais e educacionais inadequadas de desenvolvimento podem ter sobre o crescimento e sobre a aprendizagem humanos (1987, 1997, 2001a).

O psicólogo russo Lev Vygotsky também causou um grande impacto à compreensão do desenvolvimento cognitivo da criança. Ele examinou o desenvolvimento da linguagem das crianças pequenas e enfatizou a importância do contexto social e das influencias culturais para a facilitação do desenvolvimento e da aprendizagem humanos.

> No processo de desenvolvimento, a criança não apenas dominam os elementos da experiência cultural, como também os hábitos e as formas de comportamento cultural, os métodos culturais de raciocínio. Desse modo, devemos distinguir as linhas principais do desenvolvimento do comportamento da criança. Primeiro, há a linha de desenvolvimento natural de comportamento, que está intimamente relacionada com os processos de crescimento orgânico geral e com a maturação da criança. Em segundo lugar, há a linha de melhoria cultural das funções psicológicas, a descoberta de novos métodos de raciocínio, o domínio dos métodos culturais de comportamento. (Vygotsky, 1929, p. 415)

Durante os últimos 35 anos, os avanços no modo como compreendemos o cérebro humano acrescentaram outra dimensão ao curso do Desenvolvimento Humano na educação. Desde os estudos realizados ao final da década de 1960 na University of California, Berkeley (quando os pesquisadores descobriram o impacto que o estímulo do ambiente pode ter no desenvolvimento cerebral dos ratos), tem-se dado uma atenção crescente ao modo como a compreensão do desenvolvimento do cérebro de crianças e adolescentes pode ajudar os educadores a facilitar práticas de desenvolvimento adequadas nas escolas em todos os níveis (ver, por exemplo, Diamond e Hopson, 1998). Os pesquisadores têm usado técnicas de escaneamento cerebral para examinar características estruturais e a atividade metabólica nos cérebros das crianças da infância à adolescência (Chugani, 1998; Giedd, 2004; Giedd et al., 1996, 1999). Muitos desses estudos apontam para níveis elevados de atividade no neocórtex, do início da infância até a idade de 10 anos, depois dos quais esses níveis em geral declinam com a "plasticidade" do cérebro (sua capacidade de mudar sua arquitetura no nível neuronal em resposta à estimulação do ambiente). O pesquisador do cérebro Harry Chugani (1998, p. 1228) escreveu:

> A noção de um período longo durante a infância, quando ocorre a estabilização sináptica dependente de atividades, tem recentemente recebido muita atenção de parte dos indivíduos e das organizações que lidam com intervenções precoces para propiciar o "enriquecimento do ambiente" e com a melhor projeção possível do currículo educacional. Assim, muitos acreditam agora (entre eles, este autor) que uma "janela de oportunidades" biológica, quando a aprendizagem é eficiente e facilmente retida, talvez não seja completamente explorada por nosso sistema educacional.

Essa compreensão, que tão rapidamente avança, de como o cérebro desenvolve-se, embora positivista em sua natureza (os aspectos físicos e biológicos do desenvolvimento humano devem necessariamente sê-lo), complementa muitos aspectos do Discurso do Desenvolvimento Humano e será discutida ao longo deste livro.

CONSEQÜÊNCIAS POSITIVAS DO DISCURSO DO DESENVOLVIMENTO HUMANO

No Capítulo 1, examinamos várias conseqüências negativas do Discurso de Resultados Acadêmicos para a educação. Depois de ter examinado as definições, os pressupostos e a história do Discurso do Desenvolvimento Humano neste capítulo, agora nos voltaremos ao exame das conseqüências *positivas* de se adotar o Discurso do Desenvolvimento Humano. É preciso mencionar que uma das melhores razões para voltarmos nosso foco de atenção ao Discurso do Desenvolvimento Humano é a de que ele pode *reduzir* a atenção dada ao Discurso de Resultados Acadêmicos e, por conseguinte, amenizar suas conseqüências negativas. Essa mudança significaria menos "cola", menos ensino voltado aos testes, menos manipulação de resultados, menos uso de drogas para estudar, menos estresse emocional, menos reprovações e desistências, e mais poder aos alunos e aos professores. A queda na incidência dos fatores negativos indicados teriam uma grande conseqüência positiva. Observe que as conseqüências positivas discutidas a seguir não ocorrerão a não ser que o Discurso do Desenvolvimento Humano seja adotado em nível fundamentalmente profundo. A mera fala simbólica – usar o Discurso do Desenvolvimento Humano no primeiro dia de aula, em *workshops* de desenvolvimento profissional e em preâmbulos de leis estaduais e federais – não será suficiente. Esse discurso deve ser uma atividade cotidiana presente nas decisões significativas a respeito da vida dos alunos.

Conseqüência positiva 1: O Discurso do Desenvolvimento Humano envolve os alunos em atividades de aprendizagem e em trabalhos que os prepararão melhor para a vida no mundo.

Os defensores do Discurso de Resultados Acadêmicos exortam seus alunos a estudar muito, a obter boas notas e a ter boas notas em testes, de modo a prepará-los para o futuro. Mas que espécie de futuro é esse? Um futuro de *mais* estudo, mais notas boas e mais testes. O mundo não é assim: exige o envolvimento com as outras pessoas, a resolução de problemas que requerem bom senso, ser parte de uma comunidade e ser competente em uma profissão que talvez envolva música, arte, teatro, mecânica, carpintaria ou outras atividades não acadêmicas. Uma atenção restrita aos resultados acadêmicos não prepara os alunos para ingressar neste mundo rico e complexo. Ao contrário disso, estreita o foco para apenas uma pequena parte do que acontece no mundo. Já falei muito aos participantes de minhas palestras que as escolas fazem seu melhor trabalho ao preparar as crianças para a seguinte função: empregados de fábrica de testes. Ao final do ensino médio, os alunos já terão feito milhares de testes e serão, assim, especialistas em testes quando se formarem. O único problema é que não há muitas ofertas de emprego para quem elabora testes! Os alunos estarão muito mais preparados para enfrentar o mundo na idade adulta se tiverem se envolvido em programas mais amplos de estudo, que ajudam a tentar tipos diferentes de metas acadêmicas e não-acadêmicas, a entende a si mesmos como aprendizes, a desenvolver suas habilidades de criar e de resolver problemas e a ampliar suas habilidade sociais.

Conseqüência positiva 2: O Discurso do Desenvolvimento Humano capacita os alunos a brilharem nas áreas em que são fortes.

Se todo o foco de um programa educacional estiver no academicismo, somente os alunos que tiverem facilidade na escola terão sucesso. Os que não possuírem a inteligência voltada à escola, mas que são talentosos em atividades não-acadêmicas, terão poucas oportunidades para mostrar suas habilidades. Na verdade, passarão a maior parte do tempo envolvidos com atividades nas quais têm *a menor* competência. Pergunto aos leitores: Como você reagiria se tivesse de passar 6 horas por dia, por mais de 40 semanas, fazendo as coisas nas quais você encontra mais dificuldades na vida? A tentação de desistir ou de portar-se mal não seria forte? Por outro lado, um programa de estudos baseado no Discurso do Desenvolvimento Humano, que busca motivar as crianças a revelar seus potenciais por meio da oferta de cursos de música, jardinagem, arquitetura, de narrar histórias, de pintura e de encanador, além de leitura, matemática e ciências, dá muito mais oportunidades para todas as crianças terem sucesso como aprendizes.

Conseqüência positiva 3: O Discurso do Desenvolvimento Humano ameniza a necessidade de classificar os alunos como incapazes de aprender, como portadores de transtornos de déficit de atenção/ hiperatividade, como situados abaixo do nível acadêmico exigido, entre outros rótulos negativos.

Os rótulos escolares (como "incapaz de aprender" e "portador de transtorno de déficit de atenção") passaram a existir, em boa parte, por causa do surgimento do Discurso de Resultados Acadêmicos nos anos de 1960 e 1970. Como se notou no Capítulo 1, no qual se apresentou a história de tal discurso, os anos de 1960 foram os da aprovação da Lei da Educação Elementar e Secundária, da implementação do National Assessment of Education Progress (Avaliação Nacional do Progresso da Educação) e do começo (já em 1970) do uso da palavra "responsabilidade final" na educação. A Lei para as crianças com dificuldades específicas de aprendizagem foi aprovada em 1969, e a expressão "transtorno de déficit de atenção" foi cunhada pela pesquisadora Virginia Douglas, da University of McGill, em 1972. Isso não foi coincidência. Como as exigências em leitura de textos, escrita e matemática aumentaram, surgiu uma necessidade de entender os alunos que não acompanhavam os demais, e o número de crianças colocadas em salas de aula de educação especial devido ao fracasso escolar aumentou proporcionalmente: o número de crianças em educação especial quase dobrou desde 1977 (Goldstein, 2003). Um corolário desse aumento é a sugestão de que, à medida que o Discurso de Resultados Acadêmicos diminuir em intensidade, provavelmente menos alunos precisarão ser colocados em aulas de recuperação, pois terão oportunidades de aprender e crescer em áreas em que sejam fortes por meio de práticas educacionais presentes no Discurso do Desenvolvimento Humano.

Conseqüência positiva 4: O Discurso do Desenvolvimento Humano capacita os alunos a desenvolver competências e qualidades que farão do mundo um lugar melhor.

Ajudar os alunos a obter altos escores nos testes e a ser admitidos nas melhores faculdades e universidades não se correlaciona à produção de seres humanos que ajudarão a resolver os problemas de guerra, pobreza, superpopulação e doenças. O livro de David Halberstam *The Best and the Brightest* defendeu a tese de que alguns dos mais altamente qualificados graduados da chamada Ivy League (formada pelas mais tradicionais universidades americanas) levaram os Estados Unidos à nebulosa situação da guerra do Vietnã, que resultou na morte de centenas de milhares de soldados e de civis (Halberstam, 1993). Mais assustador é o fato de um país que produziu muitas das pessoas academicamente mais bem preparadas do mundo, a Alemanha, ter chegado a uma cultura bárbara como a nazista, que orquestrou o aniquilamento de milhões de inocentes (Shirer, 1990). O Discurso de Resultados Acadêmicos não facilita o desenvolvimento da conduta humana e do comportamento humanitário, podendo, na verdade, inibir esse desenvolvimento pelo estreitamento do foco da aprendizagem a uma preferência por números e palavras, e não por pessoas. Por outro lado, o Discurso do Desenvolvimento Humano tem como sua maior preocupação o desenvolvimento de indivíduos que realmente se importam com o mundo em que estão e que, na idade adulta, desenvolverão o que Erik Erikson chamou de qualidade da "generatividade": a capacidade de dar algo em retorno à comunidade e à cultura (Erikson, 1993). Somente em um ambiente em que o serviço à comunidade receba *status* igual ou superior ao dos resultados em leitura, matemática e ciência é que essa espécie de desenvolvimento ocorrerá.

Conseqüência positiva 5: O Discurso do Desenvolvimento Humano ajuda a melhorar muitos dos problemas sociais que contaminam nossa juventude na cultura fragmentada de hoje.

Está claro para todos os educadores que muitos dos jovens americanos adotam comportamentos autodestrutivos, como suicídio, uso de drogas, tabagismo, distúrbios de alimentação e consumo de álcool. Além disso, adotam comportamentos que são destrutivos para os outros, como vandalismo, assédio sexual, brigas e violência de gangues. Um currículo escolar que dá grande parte de sua atenção à aprendizagem acadêmica e às notas dos testes tem menos recursos disponíveis para ajudar os alunos a lidar com os conflitos que levam a muitos desses comportamentos. Por outro lado, as escolas que adotam o Discurso do Desenvolvimento Humano tendem a criar programas que sustentam as necessidades de saúde mental dos alunos, de forma que esses comportamentos terão menor incidência. Tais programas incluem aconselhamento amplo e serviços de orientação, programas de autoconscientização, aulas de educação sexual, salas de aula democráticas, programas preventivos, educação do caráter, programas de auxílio aos estudos e cursos que canalizam a energia destrutiva para caminhos criativos, como arte, drama, música e dança. Por estar voltado ao desenvolvimento total dos alunos, incluindo suas necessidades sociais, emocionais e criativas, o Discurso do Desenvolvimento Humano caracteriza-se por sustentar atitudes e comportamentos que são afirmativos da vida e que podem ajudar a resolver os conflitos e a identificar problemas psicológicos ainda no princípio, antes que eles venham à tona e prejudiquem a vida dos alunos e daqueles que estão a seu redor.

Conseqüência positiva 6: O Discurso do Desenvolvimento Humano ajuda os alunos a tornarem-se o que realmente são.

Mesmo que o Discurso de Resultados Acadêmicos faça com que todos os alunos realizem integralmente seu potencial acadêmico (por exemplo, todo aluno tornar-se proficiente em leitura, matemática e ciência até o ano 2014), ele ainda estará aquém da verdadeira meta do ato de educar seres humanos. Como observamos antes neste capítulo, a palavra "acadêmico" é finita, mas a palavra "humano" é infinita. Uma vez atingida a meta de que toda a criança atinja resultados acadêmicos, o que se fará? O Discurso de Resultados Acadêmicos sugere que nada mais será necessário: os educadores terão cumprido seu dever. Em contrapartida, o Discurso do Desenvolvimento Humano considera a proficiência acadêmica de 100% como sendo apenas uma pequena parte do desenvolvimento do potencial de um indivíduo, um processo que é contínuo e, em última análise, incomensurável. O Discurso do Desenvolvimento Humano sabe que cada aluno tem um potencial único a desenvolver e, mais importante, *além das expectativas dos professores*. O Discurso de Resultados Acadêmicos tenta prever os limites de um aluno já no início de sua vida escolar, por meio de triagens, de testes de Q.I. e de avaliações que demonstram o quanto o aluno "está pronto". Tais alunos são freqüentemente impedidos de ir adiante, limitando-se às profecias sempre "corretas" dos professores (Rosenthal e Jacobson, 2003). O Discurso do Desenvolvimento Humano ainda abre espaço para a possibilidade de uma criança desenvolver potenciais desconhecidos à medida que ela amadurece. Estudos biográficos de grandes pessoas mostram ter havido a previsão de que muitas delas não se dariam bem na vida (ver, por exemplo, Goertzel, Goertzel e Hansen, 2004). Como escreveu o músico Pablo Casals (1981, p. 295):

> O que nós ensinamos a nossas crianças na escola? Ensinamo-las que dois e dois são quatro e que Paris é a capital da França. Quando é que as ensinaremos que elas são? Deveríamos dizer a cada uma delas: Vocês sabem o que são? Vocês são uma maravilha. Vocês são únicas. Em todo o mundo não há nenhuma criança exatamente igual a você. Nos milhões de anos que já se passaram nunca houve nenhuma criança como você. E olhe para seu corpo – que maravilha que ele é! Suas pernas, seus braços, seus dedos habilidosos, o jeito que você se mexe! Você talvez se torne um Shakespeare, um Michelangelo, um Beethoven. Você tem a capacidade para tudo isso. Sim, você é uma maravilha.

Conseqüência positiva 7: O Discurso do Desenvolvimento Humano dá aos educadores e aos alunos mais controle sobre seu ambiente de aprendizagem.

No ambiente do Discurso de Resultados Acadêmicos de hoje, no qual a lei NCLB exige que as escolas tenham um progresso adequado anual, os professores são forçados a adotar programas e a usar métodos de ensino que talvez não sejam congruentes com suas próprias filosofias de ensino. Suas próprias habilidades e sua integridade como educadores são ignoradas e, como resultado, perdem seu poder. O enfraquecimento do professor é passado aos alunos, que descobrem que seus próprios interesses e seus estilos de aprendizagem não são levados em consideração pelo fato de os líderes da escola dedicarem-se exclusivamente a objetivos acadêmicos. Enquanto os testes de desempenho acadêmico permanecerem o principal árbitro do progresso da aprendizagem, os educadores e os alunos estarão presos aos métodos e aos programas que mais facilitam a obtenção de altos escores nos testes. Esses são, em geral, métodos e programas que parecem suspeitar de tudo, como os próprios testes. Por outro lado, o Discurso do Desenvolvimento Humano, está preocupado com o desenvolvimento dos professores e dos alunos indistintamente (observe o uso das palavras "*desenvolvimento profissional*" para descrever *workshops* e seminários dos professores). A autonomia é um aspecto importante do desenvolvimento humano que é particularmente honrado no Discurso do Desenvolvimento Humano. Nos programas inspirados por este discurso, os professores são respeitados como especialistas em seu ofício, e os alunos são capazes de fazer escolhas significativas sobre suas experiências de aprendizagem.

Conseqüência positiva 8: O Discurso do Desenvolvimento Humano resulta em menos problemas disciplinares nas escolas.

Quando o foco da educação é o resultado acadêmico, os alunos que não participam ou não podem participar do processo estão mais propensos a engajar-se em uma variedade de más condutas em sala de aula. O resultado é que os educadores são forçados a usar toda espécie de métodos disciplinares, incluindo estratégias de modificação de comportamento, programas disciplinares assertivos, expulsão da escola e punições. Mais de 250 mil crianças são fisicamente agredidas a cada ano pelos professores nos Estados Unidos (National Association of School Psychologists, 2005). O Discurso de Resultados Acadêmicos exige que ocorra progresso contínuo na aquisição de matérias centrais e, se os alunos tentam sabotar tal processo, o tempo e a energia devem ser colocados ou na recuperação de tais alunos ou em sua retirada da sala de aula.

Sob outra perspectiva, o Discurso do Desenvolvimento Humano, vê os "problemas disciplinares" como sendo parte do processo de desenvolvimento dos alunos e, assim, considera tais problemas como oportunidades para mudança e crescimento. Em vez de simplesmente ter de fazer o mau comportamento *cessar* como ocorre no Discurso de Resultados Acadêmicos, o Discurso do Desenvolvimento Humano preocupa-se em ajudar educadores e alunos a entender as razões emocionais, sociais ou cognitivas subjacentes que colaboram para a existência de tal comportamento ("disciplinar", afinal, quer dizer "aprender"). Um aluno pode jogar um aviãozinho de papel no professor, por exemplo, por estar entediado, ansioso, deprimido, confuso, bravo ou por quaisquer outras razões. Ao considerar tais comportamentos como "obstáculos ao crescimento", e não como "mau comportamento", o Discurso do Desenvolvimento Humano é capaz de gerar soluções que ajudam a oferecer segurança, auxílio acadêmico, treinamento em habilidades sociais ou qualquer forma de intervenção de desenvolvimento que vão ao núcleo da dificuldade. Além disso, quando os alunos se envolvem em atividades de sala de aula que envolvam suas características emocionais, criativas, físicas e espirituais, é pouco provável que precisem recorrer a atividades que subvertam o processo de aprendizagem.

Conseqüência positiva 9: O Discurso do Desenvolvimento Humano estimula a inovação e os programas em que haja diversidade na aprendizagem.

Como se observou anteriormente, o Discurso de Resultados Acadêmicos estreita o foco do currículo e retira poder dos educadores, que são forçados a ensinar para testar. Os programas que usam abordagens fechadas para a aprendizagem, como a instrução direta, impedem que os professores insiram sua própria criatividade e singularidade na sala de aula. O Discurso do Desenvolvimento Humano, em contrapartida, valoriza qualidades como criatividade, individualidade e inovação, oferecendo uma atmosfera em que professores e alunos podem envolver-se em discussões abertas, projetos individualizados, aprendizagem em que haja "serendipidade" (idéias estimulantes que surgem inesperadamente e que merecem ser exploradas) e em abordagens inovadoras que demonstram o compromisso de desenvolver as habilidades sociais, cognitivas, emocionais, morais e criativas do aluno. Algumas dessas abordagens incluem as inteligências múltiplas, aprendizagem baseada no cérebro (*brain-based learning*), projetos de serviço comunitário, educação afetiva e aprendizagem cognitiva. Tais abordagens são, com freqüência, rotuladas pelos defensores do Discurso de Resultados Acadêmicos como não-testadas, não-confiáveis e passageiras, sendo elas responsabilizadas por baixar os escores dos testes na nação. Essas caracterizações são compreensíveis, porque os critérios de sucesso do Discurso de Resultados Acadêmicos são baseados em pesquisas quantitativas e em resultados elevados nos testes.

O Discurso do Desenvolvimento Humano define o sucesso em termos de promoção do crescimento de seres humanos por completo e considera o progresso em termos da habilidade crescente que o aluno tem de cuidar, criar, sentir-se confiante, ser inspirado, resolver problemas, pensar e viver profundamente. Por conseguinte, está em constante busca de estratégias, cursos e programas que ajudarão a desenvolver os potenciais das crianças e dos adolescentes nestas e em outras áreas.

Conseqüência positiva 10: O Discurso do Desenvolvimento Humano promove o estabelecimento de práticas adequadas de desenvolvimento e não incentiva o uso de práticas inadequadas de desenvolvimento nas escolas.

Talvez a conseqüência positiva mais importante do Discurso do Desenvolvimento Humano é a de que ele levará a um uso maior de abordagens de ensino e de programas que são projetados para ir ao encontro das necessidades de desenvolvimento dos alunos em determinadas faixas etárias, do início da infância ao final da adolescência. O Discurso de Resultados Acadêmicos reconhece as necessidades de desenvolvimento principalmente de uma forma: na estrutura da escolarização por níveis de idade/série (por exemplo, pré-escola, primeiras séries do ensino fundamental, últimas séries do ensino fundamental e ensino médio). Além disso, há um certo reconhecimento no Discurso de Resultados Acadêmicos de que o conteúdo e o método devem estar ajustados à faixa etária do aluno.

Contudo, o Discurso de Resultados Acadêmicos cada vez mais impõe sua agenda estreita a todas as faixas etárias e a todos os níveis de desenvolvimento. Essa ampla aplicação tem resultado em abusos de desenvolvimento, tais como dar duas horas de tarefas de casa para alunos de pré-escola, forçar aspirações por resultados acadêmicos em alunos já estressados do final do ensino médio e ignorar o impacto da puberdade e do crescimento emocional no início da adolescência, quando os alunos têm de estudar um currículo acadêmico impessoal. Tais práticas inadequadas de desenvolvimento podem inadvertidamente contribuir para uma variedade de doenças sociais, incluindo problemas de aprendizagem e de atenção, doenças relacionadas ao estresse e mesmo violência escolar (Elkind, 1997, 2001a, 2001b). O Discurso do Desenvolvimento Humano está, por outro lado, por sua própria natureza, comprometido com métodos de ensino e com programas escolares que vão ao encontro das necessidades específicas de desenvolvimento dos alunos.

Os últimos quatro capítulos deste livro serão dedicados a como o Discurso do Desenvolvimento Humano dever ser utilizado para dar forma a práticas de ensino adequadas em face ao crescente Discurso de Resultados Acadêmicos, o qual ignora as importantes necessidades de desenvolvimento dos alunos. Proponho metas específicas de desenvolvimento em quatro níveis de escolaridade: primeira infância, primeiras séries do ensino fundamental, últimas séries do ensino fundamental e, finalmente, ensino médio. Defendo o ponto de vista segundo o qual o ponto central do ensino da primeira infância deve ser o ato de *brincar*, que o ponto central do ensino fundamental seja *aprender como o mundo funciona*, que o ponto central das últimas séries do ensino fundamental seja o *desenvolvimento social, emocional e metacognitivo*, e, por fim, que o ponto central do ensino médio deva ser *preparar os alunos para viver com independência no mundo*.

Nos próximos quatro capítulos, será discutido cada um desses quatro níveis de escolarização e suas respectivas metas de desenvolvimento. Em cada capítulo, serão analisadas as características específicas e únicas das crianças do nível em questão (reconhecendo que os alunos variam bastante individualmente no que diz respeito a suas taxas de desenvolvimento). Há informações sobre importantes mudanças biológicas e neurológicas que ocorrem em cada nível, informações sociológicas e antropológicas sobre como as culturas humanas educaram tradicionalmente as crianças e os adolescentes em cada nível, além de conhecimento psicológico sobre como as crianças ou os adolescentes percebem, sentem, pensam e relacionam-se com os outros e com o mundo objetivo. Em cada caso, será demonstrado o modo como as características singulares dos alunos em cada nível de desenvolvimento têm conseqüências importantes no que diz respeito aos tipos de programa e abordagens de ensino que são mais adequadas a eles. Também há indicações em cada capítulo de como o Discurso de Resultados Acadêmicos tem falhado em não reconhecer essas características de desenvolvimento e, em alguns casos, trabalhado ativamente contra elas. Finalmente, são mencionados os tipos específicos de currículo, técnicas de ensino e estratégias de aprendizagem, além de programas escolares adequados ao desenvolvimento de cada nível e de práticas a evitar. Essas figuram como exemplos representativos das *melhores escolas*. Como veremos, as melhores escolas não são necessariamente aquelas onde há os mais altos escores em testes, mas as que buscam desenvolver os melhores aspectos de cada ser humano à medida que este amadurece.

PARA ESTUDO FUTURO

1. Com que freqüência você e seus colegas utilizam o Discurso do Desenvolvimento Humano? Observe as seguintes palavras e frases:
Bloqueio ao crescimento
Caráter
Centrado na criança
Crescimento cognitivo
Criatividade
Curiosidade
Desafios de desenvolvimento
Metas de desenvolvimento
Práticas de desenvolvimento adequado (ou inadequado)
Caminhos de desenvolvimento
Trajetórias de desenvolvimento
Traumas da primeira infância
Crescimento emocional
Florescimento
Fluxo
Incentivo ao crescimento
Crescimento e desenvolvimento humanos
Potencial humano
Formação da identidade
Imaturidade
Individualidade
Aprendizagem individualizada
Individuação
Integridade
Medidas ipsativas
Necessidades de aprendizagem
Maturação
Maturidade
Desenvolvimento moral
Aprendizagem natural
Cultivo
Desenvolvimento ideal
Crescimento físico
Resiliência

Auto-atualização
Auto-expressão
Períodos sensíveis
Crescimento social
Fases da vida
Transformação
Singularidade
Janelas de oportunidade

Observe quantas vezes durante o dia escolar as palavras dessa lista são usadas em conversas ou em comunicações escritas com alunos, professores, administradores e pais. Há contextos específicos nos quais este discurso é usado com maior freqüência (por exemplo, *workshops* de desenvolvimento profissional, assembléias, sessões de treinamento)? Faça o registro durante um dia de toda vez que uma palavra ou frase dessa lista aparecer em suas conversas ou em textos que você escreveu ou leu. Discuta os resultados com os colegas. Acrescente quaisquer palavras que você acredita fazerem parte do Discurso do Desenvolvimento Humano.

2. Discuta com seus colegas quais características positivas próprias do Discurso do Desenvolvimento Humano descritas neste capítulo se aplicam a seu ambiente escolar. Dê exemplos concretos de seu dia escolar. Quais serão as outras conseqüências positivas, não-mencionadas neste capítulo, que também ocorrem em seu ambiente escolar como resultado do Discurso do Desenvolvimento Humano?

3. Escolha um livro escrito por um escritor importante do Discurso do Desenvolvimento Humano (por exemplo, Montessori, Steiner, Dewey, Piaget, Elkind), leia-o com um grupo de colegas e depois faça um encontro para discutir o livro (verifique as Referências para encontrar títulos escritos pelos pensadores citados neste capítulo). Que tipos de proposições sobre o crescimento humano e sobre a aprendizagem são discutidas pelo educador que você escolheu? Essas proposições estão em sincronia com as de sua escola e de seu ambiente de aprendizagem? Por que sim ou por que não? Da filosofia ou da prática do pensador que você leu, o que poderia ser aplicado em seu ambiente de aprendizagem?

4. Investigue as metodologias de pesquisa qualitativas, sozinho ou com um grupo de colegas (verifique as referências ao final deste livro para encontrar títulos sobre as metodologias qualitativas citadas neste capítu-

lo). O que você considera vantajoso na utilização de pesquisa qualitativa na avaliação da aprendizagem escolar? O que não considera? Planeje e execute um projeto de pesquisa em seu ambiente educacional (por exemplo, sala de aula, aconselhamento, administração) que use um ou mais métodos qualitativos sobre os quais você aprendeu. Compare os resultados com aqueles normalmente obtidos quando se usa medidas quantitativas para avaliar a aprendizagem escolar (por exemplo, resultados em testes). Discuta as diferenças que você observa nos tipos de informação obtidos em cada caso. Que espécie de questões sobre o valor dos diferentes tipos de conhecimento esse projeto põe em risco?

3
Programas de Educação para a Primeira Infância: Atividades Lúdicas

Em uma turma de pré-escola em Michigan, Joshua cultiva bactérias em uma Placa de Petri, pratica seu vocabulário em espanhol e finaliza sua tarefa de casa, escrevendo seu diário (MacDonald, 2005). Em San Diego, Califórnia, os esforços dos professores para diminuir as exigências de leitura para a pré-escola preocupam um funcionário distrital, que declara: "Quando se baixa a exigência, os professores com muita freqüência, poderão baixar suas expectativas em relação às crianças" (Gao, 2005, § 12). Em um distrito escolar da Flórida, as lições da educação infantil incluem leitura, escrita, matemática, ciências, história, geografia, civismo e economia (Feller, 2005). Em um distrito escolar de Wisconsin, os padrões estabelecidos para a educação infantil incluem "o entendimento do conceito da correspondência direta (um a um)", "fazer um gráfico simples e compartilhar observações" e "demonstrar conhecimento de diretrizes caligráficas". As pré-escolas de "teor acadêmico" estão crescendo muito nos Estados Unidos e, nelas, os alunos de 4 anos praticam exercícios fonéticos, preenchem folhas de exercícios e escrevem livros (ver, por exemplo, Whitehurst, 2001).

Há 30 anos, tais atividades na educação infantil seriam inconcebíveis, exceto para os educadores mais voltados a resultados. Hoje, elas são uma prática comum. Os "jardins de infância" criados por Friedrich Froebel há 150 anos, estão tornando-se fábricas de aprendizagem. A educação da primeira infância foi, certa vez, uma área na qual o Discurso do Desenvolvimento Humano era a principal fonte de diálogo entre os educadores. Atualmente, impera o Discurso de Resultados Acadêmicos. Neste capítulo, a atenção volta-se para a educação da primeira infância, e serão descritas quais são as reais necessidades de desenvolvimento de uma criança pequena, além da análise de como às atividades lúdicas representam a melhor maneira de se chegar às necessidades da educação infantil. Também será demonstrado como distinguir entre programas de educação infantil que têm práticas de desenvolvimento adequadas e aqueles que não têm.

NECESSIDADES DE DESENVOLVIMENTO DAS CRIANÇAS PEQUENAS (DE 3 A 6 ANOS)

O Discurso de Resultados Acadêmicos visa criar uma continuidade curricular da educação da primeira infância até o ensino fundamental, e assim por diante. Os programas que usam frases do Discurso de Resultados Acadêmicos, como "conexão entre a pré-escola e o ensino fundamental" e "criação de transições suaves entre ambos", escondem o fato de que, na maioria dos casos, o objetivo é organizar a educação infantil do modo mais parecido possível com a educação no ensino fundamental, e não o contrário (Wiltz, 2005). Ainda assim, as crianças pequenas vivem – social, cognitiva e emocionalmente – em um mundo, em termos de qualidade, diferente das outras crianças. A obra de Jean Piaget, em particular, tornou os educadores conscientes do quanto as necessidades de desenvolvimento das crianças pequenas são diferentes das crianças com mais idade. Piaget usou o termo "pré-operatório" na descrição do pensamento das crianças entre 2 ou 3 e 6 anos. Com isso, queria dizer que as crianças pequenas ainda não usam as operações lógicas (numeração, seriação, reversibilidade do pensamento, etc.) em seus processos mentais, ao entender o mundo a seu redor. Em seu livro *A representação do mundo pela criança*, Piaget (1975) analisa alguns dos modos como as crianças pequenas refletem sobre o mundo. Elas usam o animismo – isto é, consideram os objetos inanimados como seres vivos. Piaget observou uma criança de 3 anos que havia se arranhado em um muro apontar para sua mão e dizer: "Quem fez essa marca? ... Dói aqui, onde o muro me bateu" (p. 212). O mundo de um aluno da pré-escola é dinâmico e mesmo mitológico. Piaget observou que um menino de 4 anos disse: "Lá está a lua; ela está cheia". Então, quando uma nuvem a cobriu, a criança comentou: "Olha, mataram a lua" (p. 210).

O pioneiro do desenvolvimento humano Heinz Werner (1980, p. 69) usou a expressão "percepção fisionômica" para explicar como as crianças pequenas observam o mundo:

> Todos, em algum momento, tivemos esta experiência [na idade adulta]. Uma paisagem, por exemplo, pode ser repentinamente vista como algo que, de imediato, expressa um determinado estado de espírito – pode ser alegria, melancolia ou algo parecido. Esse modo de percepção difere radicalmente das experiências mais cotidianas nas quais as coisas são conhecidas de acordo com suas qualidades "geométrico-técnicas" triviais, por assim dizer. Na nossa própria esfera de ação há um campo onde os objetos são, muitas vezes, percebidos como algo que expressa diretamente uma vida interior. Isso está na nossa percepção das faces e dos movimentos corporais dos seres humanos e dos animais superiores. Pelo fato de a fisionomia humana só poder ser percebida adequadamente em termos de sua expressão imediata, propus o termo percepção fisionômica para esse modo de cognição em geral.

Como exemplo, Werner citou o caso de uma garota de 4 anos que viu algumas cartas em que havia alguns desenhos pontiagudos e que disse: "Ai! Que monte de espinhos!". Ela hesitava em pegar as cartas, pensando que os espinhos iriam furar seus dedos. Em outro caso, uma garota de 5 anos e meio estava caminhando na chuva com sua mãe ao anoitecer e disse: "Não consigo ver nada. Tudo está nublado. Tudo parece estar cochichando" (Werner, 1980, p. 72-74). O autor russo de literatura infantil Kornei Chukovsky (1963, p. 3) considera as crianças de 2 a 5 anos como "gênios lingüísticos" por causa de sua capacidade de usar o pensamento e a linguagem de maneira inédita, como no caso da criança que disse "Não apague a luz – eu não conseguirei ver como dormir". A experiência da sinestesia, nas quais visões são ouvidas, as cores saboreadas e os sons tangenciados é muito comum no primeiro desenvolvimento da criança (ver, por exemplo, Baron-Cohen, 1996). A imaginação das crianças pequenas é mais viva do que a das crianças com mais idade e, em alguns casos, atinge o nível da imaginação *eidética*, na qual as imagens interiores são vistas claramente como experiências exteriores (ver Giray, Altkin, Vaught e Roodin, 1976).

As maneiras metafóricas, imaginárias, sinestésicas e mágicas pelas quais a criança encara o mundo são, de muitas formas, um reflexo do que acontece em nível neurológico. O cérebro de uma criança pequena é estrutural e funcionalmente diferente do cérebro de uma criança com mais idade. Conforme apontou a pesquisadora Marian Diamond (Diamond e Hopson, 1998, p. 54):

O uso de energia do cérebro de uma criança de 2 anos é igual ao de um adulto. Então *os níveis mantêm-se crescendo* até que, aos 3 anos, o cérebro da criança é duas vezes mais ativo do que o de um adulto. Tal crepitação, eriçamento, efervescência e excitação metafóricas das células cerebrais permanece o dobro do índice adulto até os 9 ou 10 anos; nessa época, o metabolismo tem uma queda e alcança os níveis adultos por volta dos 18 anos.

Ao mesmo tempo, a criança pequena apresenta uma abundância de dendritos (conexão entre os neurônios) que passam por um processo de encolhimento ou poda, no qual as conexões neuronais são reforçadas ou descartadas, de acordo com os tipos de estímulo que a criança recebe ou não do ambiente (Chugani, 1998). Fatores emocionais e sociais no local onde a criança vive são particularmente importantes no processo de desenvolvimento cerebral (Siegel, 2001).

Além disso, o sistema nervoso da criança pequena ainda não foi totalmente mielinado em muitas áreas do cérebro. A mielinação é o processo pelo qual os axônios são revestidos ou isolados para permitir a passagem eficiente de impulsos elétricos pelo cérebro (ver Klingberg, Vaidya, Gabrieli, Moseley, e Hedehus, 1999). Essa mielinação incompleta do cérebro talvez explique por que muitas das percepções e dos pensamentos da criança pequena são tão diferentes do pensamento de crianças com mais idade e de adultos. A incrível plasticidade do cérebro da criança aponta para a importância do ambiente – um espaço social e emocional seguro e afetivo ligado a um ambiente interativo prático – na promoção de um crescimento neurológico saudável. A alta atividade metabólica do cérebro da criança pequena sugere que esta deveria ser exposta a experiências dinâmicas, criativas e multissensoriais.

A IMPORTÂNCIA DAS ATIVIDADES LÚDICAS PARA O DESENVOLVIMENTO

O ato de brincar representa a melhor maneira pela qual se pode atender às exigências de desenvolvimento da educação infantil, já que é um processo dinâmico e sempre em constante mudança, além de ser multissensorial, interativo, criativo e imaginativo. Quando as crianças brincam, seu cérebro é estimulado como um todo, e não apenas áreas específicas relacionadas a determinadas habilidades. O psicólogo russo Lev

Vygotsky (1929) escreveu: "Parece-me que, do ponto de vista do desenvolvimento, o ato de brincar não é a forma predominante de atividade, mas é, de certa maneira, a fonte principal do desenvolvimento da criança na fase da pré-escola" (p. 415). A atividade lúdica facilita o desenvolvimento físico e sensório-motor, à medida que a criança corre, salta, cava, atua, pinta, desenha e, de outras maneiras, tem contato direto com as raízes e com a cultura que a cerca. A aprendizagem social é estimulada quando as crianças brincam umas com as outras, criando papéis baseados no que vêem no mundo a seu redor, ajustando seu próprio comportamento, às necessidades e às demandas de seus pares. Isso dá base ao crescimento emocional à medida que a criança é capaz de projetar medos, alegrias, ciúme, raiva e ambições nas brincadeiras, trabalhando seus sentimentos acerca de uma ampla gama de interesses de modo construtivo. Brincar sustenta o desenvolvimento cognitivo, tendo em vista que a criança atua simbolicamente com materiais artísticos, improvisação dramática e outros modos de representação, construindo padrões de significado a partir das interações com as coisas e com as pessoas (Singer e Singer, 1990).

Porém, mesmo os benefícios sendo grandes, nada são quando comparados com o que é mais extraordinário no brincar: a mediação entre o que é *possível* e o que é *real*. Como diz o psiquiatra David Winnicott (1982, p. 14):

> A atividade lúdica não é a realidade psíquica interna. Fica fora do indivíduo, mas não é o mundo externo. Ou seja, a criança apanha objetos ou fenômenos da realidade exterior e usa-os para alguma atividade derivada da realidade pessoal ou interna. Sem alucinar-se, a criança elabora uma amostra de potencial de sonho e vive com ela em um ambiente escolhido composto por fragmentos da realidade externa."

Quando as crianças agem desta forma, interpõem os conteúdos de suas imaginações (o que é meramente *possível*) com os conteúdos do mundo real (blocos, brinquedos, roupas). Por meio de seus atos criativos, trazem para o mundo algo espontâneo, novo e singular. Uma caixa vazia de um refrigerador torna-se uma nave espacial. Uma peça de roupa torna-se o xale de uma princesa árabe. Vários blocos de madeira tornam-se uma horda de animais pré-históricos na floresta. Esse processo pode ser o mais importante realizado pelos humanos. Alguns cientistas afirmaram que foi por meio do ato de brincar que os seres humanos desenvolveram o lobo frontal (Furlow, 2001). O historiador holandês Johan Huizinga (1986) em sua obra clássica, *Homo ludens*, afirmou que o ato de brincar "como um impulso social (é) mais antigo que a própria cultura... o ritual cresceu a partir do brinquedo sagrado; a poesia nasceu no lúdico e nutriu-o; a música e a dança eram genuinamente brincadeira... Temos de concluir que a civilização é, em suas fases iniciais, o ato de brincar" (p. 173).

Observamos a importância da atividade lúdica para o desenvolvimento da civilização quando os grandes pensadores do mundo descrevem suas realizações como se fossem uma brincadeira. Isaac Newton: escreveu, "Não sei o que devo parecer para o mundo, mas para mim pareço ser apenas um menino brincando na praia, divertindo-se e depois encontrando uma pedrinha mais lisa ou uma concha mais bonita enquanto o grande oceano da verdade repousava totalmente desconhecido diante de mim" (citado em Brewster, 2005, p. 407). O físico nuclear e pai da bomba atômica, J. Robert Oppenheimer, certa vez disse: "Há crianças brincando na rua que poderiam resolver alguns de meus problemas mais difíceis de física, porque elas têm modos de percepção que perdi há muito tempo" (citado em McLuhan e Fiore, 1967, p. 93). Frank Lloyd Wright traçou seus primeiros passos como arquiteto nas primeiras experiências com simples blocos de madeira em uma turma de pré-escola de Froebel (Rubin, 1989). Alexander Fleming, o cientista escocês que descobriu a penicilina, afirmou: "Eu brinco com os micróbios. É muito agradável quebrar regras" (citado em Cole, 1988, p. C16). Talvez quase toda a contribuição significativa para a cultura originalmente derive de um ato de brincar que tem suas raízes na infância. Essa característica extraordinária, juntamente com os benefícios sociais, emocionais, físicos e cognitivos, faz da atividade lúdica a principal característica ao redor da qual todas as outras atividades educacionais na infância devem estar.

PRÁTICAS INADEQUADAS DE DESENVOLVIMENTO

Infelizmente, em nossa cultura, o lúdico está passando por significativa deterioração. Um dos maiores especialistas na área, o pesquisador neozelandês Brian Sutton-Smith, sugere que a imagem típica de uma criança brincando é a de alguém sentado em frente à televisão ou ao videogame, jogando com suas figuras em ação (Hansen, 1998). Isso não é brincar. Também não o são os jogos de futebol ou outras competições esportivas que ocorrem regularmente em toda comunidade. Brincar é uma experiência aberta iniciada pela criança, envolvendo atividades inventadas, ou o uso espontâneo de objetos para atividades criativas. Brincar está se tornando mais uma "espécie em extinção" nos programas de ensino da primeira infância, à medida que crescem as exigências acadêmicas. Nesta seção, serão abordadas algumas práticas inadequadas de desenvolvimento que substituíram o ato de brincar nas pré-escolas nos Estados Unidos.

Ensino de matemática formal e de habilidades de alfabetização

Os educadores que empregam o Discurso de Resultados Acadêmicos freqüentemente apontam para a pesquisa cerebral e, em particular, para a plasticidade do cérebro da criança como justificativa para ensiná-la a ler, escrever e aprender matemática. Ainda assim, a pesquisa cerebral está, de fato, sugerindo o inverso, isto é, demonstrando que o cérebro da criança pequena ainda não está pronto para essas habilidades formais abstratas, mas que, em vez disso, deveria estar voltado à aprendizagem imaginativa, metafórica, multissensorial e lúdica.

Piaget desbravou o caminho que leva ao entendimento de como as crianças avançam cognitivamente envolvendo-se em um contato natural e direto com o mundo. É interessante notar que Piaget era freqüentemente solicitado pelos educadores americanos a esclarecer como os estádios do desenvolvimento cognitivo poderiam ser acelerados (um bom exemplo do Discurso de Resultados Acadêmicos em funcionamento). Piaget chamava essa solicitação de "a questão americana" (Duckworth, 1979, p. 303). Os estádios de desenvolvimento não devem ser forçados, ele afirmava, mas deveriam derivar de uma interação natural da criança com um ambiente rico.

Um dos principais defensores de Piaget nos Estados Unidos, o psicólogo David Elkind (2001b, p. 13), aponta a inadequação, em termos de desenvolvimento, de ensinar matemática muito cedo:

> É somente entre 6 e 7 anos, quando as crianças já chegaram ao que Piaget chama de "operações concretas", que elas sabem construir o conceito de "unidade", a base para o entendimento da idéia do intervalo entre os números. Para chegar ao conceito de "unidade", as crianças devem entender que todo número é como qualquer outro, no sentido de que é um número e, ao mesmo tempo, diferente na ordem de enumeração. Uma vez que a criança tenha adquirido o conceito de unidade, sua noção de número será abstrata e dissociada das coisas propriamente ditas, diferentemente dos números nominais e ordinais. As

operações matemáticas, como a adição, a subtração e a multiplicação, só são realizadas com números que representam unidades passíveis de serem manipuladas sem referência às coisas em particular.

Da mesma forma, em relação ao ensino inadequado da leitura às crianças pequenas, Elkind (2001b, p. 14) escreveu:

> Para ler foneticamente, a criança deve ser capaz de reconhecer que uma letra pode ser pronunciada de diferentes modos dependendo do contexto. Uma criança que sabe ler palavras como "*hat*", "*cat*" e "*sat*" talvez tenha problemas ao ler "*ate*", "*gate*" e "*late*". Também uma criança que saiba ler "*pin*" talvez tenha problema com a leitura de "*spin*", pois há uma mistura de consoantes que pode complicá-la. Na terminologia de Piaget, operações "concretas" são necessárias para esse nível mais elevado de leitura.

A ausência de uma preparação para aulas formais de leitura e matemática na primeira infância talvez elucidem a tendência ao desinteresse de alguns alunos que aprendem letras, números e outras habilidades de rotina em programas de intervenção precoce, como o Head Start. A pesquisa afirma que as crianças que tenham passado por esse tipo de intervenção tendem a obter melhores resultados nas primeiras séries, momento em que tais habilidades de rotina são mais úteis, todavia, nas séries seguintes, quando as exigências cognitivas da alfabetização de fato se apresentam todos os ganhos anteriores desaparecem (Currie e Thomas, 1995).

Testes padronizados

A partir de 2003, o governo federal norte-americano começou a empregar testes no programa Head Start (Rothstein, 2004). Mais de meio milhão de crianças de 4 anos passaram por um teste padronizado de 20 a 30 minutos, que dizia respeito ao conhecimento delas em atividades de letramento e números. Esses testes são um complemento de outros usados para medir a qualidade do programa, conduzir pesquisas e avaliar o progresso das crianças de maneira constante. Na educação infantil, a maioria dos Estados norte-americanos usa testes padronizados de aptidão e triagem, realizados antes do ingresso na pré-escola e também antes do seu término.

Esses testes permanecem, apesar dos alertas de organizações nacionais voltadas às crianças pequenas, as quais defendem que tais práticas deveriam parar. Em 1987, a National Association for the Education of Young Children

(NAEYC) lançou um documento em que se posicionava contra a maior parte das formas de teste realizados antes dos 8 anos. Em vez de testes padronizados, a NAEYC recomendava o uso de práticas de desenvolvimento adequado, como avaliações informais, incluindo observações feitas pelos professores e pelos portfólios dos alunos. A National Association of School Psychologists (2005) observou em seu documento de intenções acerca da avaliação de crianças pequenas que "as evidências das pesquisas e da prática na avaliação da primeira infância indica que as questões de adequação técnica são mais difíceis de abordar quando se lida com crianças pequenas, que têm pouca experiência em realizar testes, curtos períodos de atenção e cujo desenvolvimento é rápido e variável" (§ 2). A Association for Childhood Education International emitiu um documento cujo posicionamento "estabelece inequivocamente a convicção de que *todos* os testes para crianças pequenas da educação infantil e das séries iniciais do ensino fundamental deveriam ser eliminados" (Perrone, 1991, p. 141). Observou-se que os testes padronizados, nessa etapa, causam estresse, não fornecem informações úteis, levam a um controle prejudicial e à rotulação das crianças, promovem um ensino voltado ao teste e não conseguem estabelecer condições para a aprendizagem cooperativa e para a resolução de problemas.

Computadores e outras formas de aprendizagem de alta tecnologia

No final dos anos de 1980, apenas 25% das pré-escolas licenciadas nos Estados Unidos tinham computadores. Hoje, quase todas têm um computador. Em grande parte devido às pesquisas do cientista Seymour Papert, do MIT, e de outros cientistas do campo da ciência da computação, as atividades no computador na educação infantil foram consideradas uma ferramenta de vanguarda para a aprendizagem. O *software Kinder-LOGO*, por exemplo, é um programa baseado no trabalho de Papert, o qual possibilita e permite aos alunos lidar com letras, números, cores e formas, sendo anunciado como um *software* para o ensino de consciência espacial, atributos, padrões, relações de causa e efeito e resolução de problemas. Da mesma forma, a televisão tem sido considerada fundamental para a educação da primeira infância desde que *Sesame Street* (Vila Sésamo) começou a transmitir suas letras e números em 1969. Porém, quando nos lembramos de como as crianças pequenas refletem sobre o mundo, percebemos que a aprendizagem por meio da tecnologia talvez não seja tão adequada ao desenvolvimento quanto muitos educadores pensam que é.

A televisão e as telas de computador não são ambientes ricos para as atividades sensoriais que as crianças pequenas precisam para exercitar o cérebro. O professor de história e educação Douglas Sloan (1985) perguntou: "Qual o efeito da imagem plana, bidimensional, visual e externamente oferecida, e das cores mortas, mas vistosas da tela, no desenvolvimento da habilidade da criança de trazer à realidade imagens vívidas e móveis de sua própria criação?" (p. 8). As crianças pequenas precisam de uma interação direta com o conteúdo do mundo. Ao contrário disso, a televisão e o computador não oferecem praticamente nenhuma interação com o mundo, exceto a manipulação de um *mouse*, *joystick* ou controle remoto (Cuffaro, 1984).

As crianças pequenas exigem experiências emocionais e sociais seguras e significativas com os colegas e com os adultos. Embora os defensores dos computadores defendam, com freqüência, que as crianças interagem com os colegas e com o professor enquanto usam um *software*, tal argumento não justifica o computador propriamente dito, mas apenas as interações que ocorrem a seu redor. Talvez o maior problema com os computadores seja o de que a criança não possa *brincar* (no sentido mais profundo do termo) com eles, porque o ambiente é demasiadamente estruturado e delimitado por quem elaborou o *software*. A educadora Jane Healy (1999), que tem um extenso trabalho sobre o mau uso dos computadores e da televisão na educação da primeira infância, observa que, como resultado, "os professores lamentam o fato de que muitas crianças têm agora de ser ensinadas a brincar simbolicamente ou fingir – antes um sintoma apenas dos jovens com problemas mentais ou emocionais" (p. 64). Em minhas próprias investigações, concluí que uma conseqüência do crescimento do uso das tecnologias e do desprezo pelo lúdico, sobretudo nos primeiros anos, pode ser um aumento do número de crianças identificadas como tendo TDA ou TDAH (Armstrong, 2003b, 2005). A maioria dos educadores abandonou a crítica de ferramentas de alta tecnologia devido à forte pressão do Discurso de Resultados Acadêmicos para que usem computadores na preparação infantil de habilidades acadêmicas, além da intensa pressão corporativa visando encontrar novos mercados para produtos de alta tecnologia (Alliance for Childhood, 2000).

Tarefas feitas em casa, períodos mais longos na escola, menos tempo para descansar e menor tempo de intervalo

Quando minha esposa, que é psicoterapeuta infantil, disse-me, há alguns anos, que estava trabalhando com uma criança de pré-escola que havia recebido tarefas para fazer em casa que levavam duas horas, eu mal pude acreditar no que ouvia. "Abuso infantil" é o que imediatamente veio à minha mente. Mas já aprendi que as tarefas de casa são algo comum. Uma escola de Minnesota, por exemplo, tem como expectativa que os alunos da pré-escola pratiquem em casa as letras e seus sons, a leitura de palavras e de famílias de palavras que são parte da série de leitura adotada pelo distrito escolar, a realização de folhas de exercícios e o que chamaram em seu *site* de "practive" (e não "practice", o que indica que a própria escola cometeu um erro ortográfico, isto é, deixou de fazer sua própria tarefa de casa...). O Discurso de Resultados Acadêmicos tornou essa espécie de prática perfeitamente aceitável para milhares de alunos de 5 anos da educação infantil nos Estados Unidos.

Felizmente, há os que discordam disso. Entre eles, está um distrito de Virginia, o qual declara em seu *site*: "Em geral, não acreditamos que tarefas de casa sejam adequadas para alunos da pré-escola. Os alunos nessa idade aprendem por meio de atividades lúdicas, e é isso que pensamos que eles devem fazer quando estão em casa" (Burbank Elementary School, n.d.).

Junto às tarefas de casa vêm as exigências crescentes por um turno escolar mais longo. Como um repórter do *New York Times* disse: "Mais distritos escolares estão oferecendo um período de 7 horas na pré-escola porque acham que nos programas tradicionais, de 3 horas, não havia tempo para matemática, artes, ensino de línguas e de ciências, que estão tornando-se padrão" (Zernike, 2000, p. A1). Naturalmente, algo tem de ser sacrificado e, em geral, é o tempo de descanso (sono), o intervalo, o período de brincar livremente ou, tragicamente, a própria criança. "Depois de um dia inteiro" – escreveu o repórter – "alguns pais relataram que seus filhos chegavam em casa às 15h45min e logo colocavam seus pijamas. Um aluno dormiu no carro a caminho de casa, embora more a apenas duas quadras da escola" (Zernike, 2000, p. A1). Impedir que as crianças pequenas brinquem, tenham tempo para usar sua imaginação e interajam livremente com o mundo a seu redor contribui para a aceleração, fragmentação e deterioração das possibilidades de desenvolvimento da criança.

OS MELHORES PROGRAMAS DE ENSINO PARA A PRIMEIRA INFÂNCIA: PRÁTICAS ADEQUADAS AO DESENVOLVIMENTO

Embora os programas de educação da primeira infância pareçam estar apenas aumentando o peso do academicismo, há programas exemplares – modelo daquilo que a aprendizagem adequada ao desenvolvimento deveria ser durante os anos da pré-escola.

Pré-escolas voltadas ao desenvolvimento adequado

Um bom exemplo é a Roseville Community Preschool (RCP) em Roseville, Califórnia. Fundada pelo pai e educador Bev Bos há 32 anos, a RCP é uma escola comunitária sem fins lucrativos que conta com a participação dos pais, tendo no ato de brincar seu principal fundamento. As regras da escola são "corra, pule, cave, explore o ambiente, fale, construa, destrua, derrame, grite, serre, martele, pinte, ande de bicicleta, imagine, cante, pense, meça, pondere, brinque, fique sozinho, examine, experimente, exprima-se, sonhe" (Bos e Chapman, 2005, p. xv). No pátio externo da escola há espaço para correr, areia, uma mesa com blocos, jardins, plataformas nas árvores e uma sala para objetos mecânicos, incluindo uma estrutura de um navio, com escadas e plataformas, um mastro, um timão, cordas e roldanas. No pátio interno, há um aquário, uma estrutura elevada, uma ponte de cordas, caminhões, tubos, banheiras e calhas (para brincar com água e areia). Lugares para experimentação são muitos, como espaços para pedras, areia, pipetas, corantes para comida, água para combinar e explorar, derramar, moldar e mudar o que se quiser. Há um vestiário, um espaço para artes e um ambiente infantil onde os objetos (camas, fogão, refrigerador, mesa, cadeiras, bonecas, livros e utensílios de cozinha) são todos em tamanho miniatura.

Como Bos diz: "Não há a voz de um professor controlando e dirigindo as ações, apenas uma palavra ocasional de estímulo ou o compartilhamento de uma idéia, de uma história ou de uma canção" (Bos e Chapman, 2005, p. 7). Se você caminhar pela escola, verá as crianças pintando, cavando na areia, fingindo pescar em uma poça d'água, construindo objetos com blocos, inventando brincadeiras, plantando sementes, pendurando-se em árvores, andando de balanço, brincando de esconde-esconde, andando pela natureza local, cozinhando com massa de modelar, fazendo experiências com materiais científicos simples, cantando e vivendo. Um visitante relatou o seguinte: "Fiquei fascinado ao encontrar uma pré-escola com espaço interno e externo que era, e ainda é, muito diferente das pré-escolas em outros lugares. Por que essa escola é diferente? É diferente porque as crianças têm liberdade para envolverem-se completamente com o brinquedo com água, gelo, areia, tinta, madeira e palavras. Pela maneira que agem, os professores dão bastante tempo às crianças para que pensem e explorem o ambiente. Sempre saio dessa escola com um sentimento de que se trata de um espaço singular e de que poderia ser um exemplo do tipo de ambientes onde as crianças teriam condições de prosperar, crescer e levar com elas, para a vida, os aspectos positivos do que elas são. O forte sentido de personalidade que desenvolvem, acredito, será parte de suas essências para a vida inteira" (Bos e Chapman, 2005, p. 5).

As escolas de Reggio Emilia

Outro excelente exemplo de como a educação da primeira infância pode ser realizada está nas escolas de Reggio Emilia. Situadas no norte da Itália, a cidade de Reggio Emilia começou a reformar seu sistema escolar nas ruínas da Segunda Guerra Mundial. As primeiras pré-escolas foram criadas em 1963. Uma característica fundamental da pré-escola é o foco em uma abordagem centrada na criança em relação ao desenvolvimento do currículo. Nas escolas de Reggio Emilia, os professores buscam nas próprias crianças pistas sobre como o currículo (que chamam de currículo emergente) irá desdobrar-se.

Por exemplo, em uma certa escola, os professores notaram que muitas crianças de 5 e 6 anos estavam trazendo dinossauros de brinquedo para a escola e que suas brincadeiras, às vezes, espontaneamente voltavam-se aos dinossauros. Os professores reuniram-se para discutir as causas disso e, então, começaram com um pequeno grupo de crianças uma investigação sobre o mundo dos dinossauros. Elas desenharam dinossauros, falaram sobre eles, compartilharam idéias a respeito dos desenhos e refletiram sobre questões relacionadas a dinossauros, provenientes de suas brincadeiras. Mais tarde, perguntou-se às crianças onde elas encontrariam mais informações sobre dinossauros e, com base em suas respostas, realizou-se uma visita a uma biblioteca local, de onde trouxeram livros emprestados, os quais foram levados para o *atelier* da escola (o *atelier* servia como o local central para o projeto).

Esses livros suscitaram novas questões e levaram as crianças a convidar amigos e parentes para visitar a escola e compartilhar o que sabiam em relação ao assunto (uma carta especial foi escrita pelo grupo). Durante as semanas seguintes, muitas pessoas vieram à escola, incluindo um pai, uma avó e um especialista de uma sociedade de ciências naturais da cidade, a fim de compartilharem seu conhecimento. As crianças prepararam previamente questões para eles.

Ao mesmo tempo, as crianças estavam fazendo dinossauros de argila, pintando-os e desenhando-os com giz. Um grupo de quatro meninos que estava fazendo um dinossauro grande de argila começou a conversar sobre como poderiam montar um dinossauro realmente grande. Dessa conversa, surgiu a importância de determinar que tipo de dinossauro seria montado. Depois de discutirem mais, as crianças votaram pelo *Tyrannosaurus Rex*, que ganhou por poucos votos do *Stegosaurus*. Após espontaneamente dividirem-se em grupos menores, as crianças criaram modelos tridimensionais dos dinossauros. Então, graças à curiosidade delas a respeito do tamanho real de um dinossauro, desenharam uma representação bidimensional de 27 metros de um *Diplodicus* no pátio da escola. Esse processo de liberdade, juntamente com o respeito e com a atenção dos professores pelos pensamentos, pelos desejos e pelos resultados das crianças enquanto brincam, serviu para promover um ambiente de aprendizagem de confiança, entusiasmo e descobertas. As escolas de Reggio Emilia fazem da brincadeira espontânea das crianças o centro de toda aprendizagem (Edwards, Gandini e Foreman, 1998).

Aprendizagem imaginativa e criativa

Um terceiro exemplo de educação adequada ao desenvolvimento na primeira infância vem do método Waldorf (Steiner, 1995, 2000). Criadas há mais de 80 anos pelo filósofo e educador austríaco Rudolf Steiner, as escolas Waldorf enfatizam o desenvolvimento artístico, o enriquecimento cultural e uma grande consideração pela criatividade e imaginação das crianças. Quando uma pessoa caminha pela pré-escola de uma escola Waldorf, sente-se como estivesse entrando em um mundo de fantasia (Armstrong, 1988). O ambiente de sala de aula lembra o de um livro de histórias, com as paredes pintadas em tons de pêssego e de azul celeste; o teto é naturalmente curvado, em vez de plano e perpendicular; móveis, carpetes e brinquedos são todos feitos de materiais naturais; há plantas e outros seres vivos em abundância.

Embora muitas escolas Waldorf sejam privadas, há um número crescente de escolas públicas usando seus métodos. Na John Morse Waldorf Methods School, que é a parte do Sacramento City Unified School District of California, as crianças da pré-escola brincam de criar mundos de fantasia com tocos das árvores, com panos bem coloridos e com bonecas feitas em casa, moldadas para parecerem duendes, dragões ferozes e cavaleiros corajosos. O professor orienta as crianças cantando seus nomes suavemente ("*Na*-than") e conduz a todos em atividades simples de movimento, permitindo que se transformem, naquele momento, em gigantes, duendes e gnomos. Da mesma forma que na Roseville Community Preschool e nas escolas de Reggio Emilia, o simples ato de brincar das crianças é considerado como a atividade mais importante que ocorre na sala de aula. A educação infantil de Waldorf usa blocos de madeira simples, brinquedos de madeira inacabados, tecidos naturais como vestuário e bonecas confeccionadas com material natural, com um mínimo de características, de modo que a imaginação da criança possa completar os detalhes. Não se ensina a leitura formal nessa etapa; na primeira série, as crianças começam a aprender o alfabeto.

Como disse um educador de Waldorf: "Há indicações de que as crianças que aprendem a ler antes dos 6 ou 7 anos não desfrutam algumas vantagens, pois perdem o interesse em ler e podem sentir-se esgotadas precocemente. Isso não é surpreendente quando se pensa no quanto a leitura e a aprendizagem são entediantes sem que a imaginação as tornem vivas. Ao contrário disso, em minha experiência, as crianças mais expostas a atividades lúdicas e as que mais extravazam sua fantasia tendem a ser os alunos que mais usam a imaginação no ensino fundamental e aqueles com maior interesse em ler. Também tendem a ser mais bem ajustadas emocionalmente, seja como crianças, seja como adolescentes e adultos" (Almon, 2004, § 35).

Os programas descritos são apenas três exemplos de uma educação adequada ao desenvolvimento na primeira infância. Há muitos outros pelo mundo. Embora não haja regras definitivas para determinar se um programa para a educação da primeira infância (ECE) é adequado ao desenvolvimento (tais regras provavelmente seriam antitéticas ao Discurso do Desenvolvimento Humano), há um grupo de critérios a ser usado para implementar um programa em um *continuum* variando do adequado ao desenvolvimento, em um extremo, do inadequado ao desenvolvimento, no outro. Um programa de educação para a primeira infância é adequado ao desenvolvimento quando valoriza a brincadeira espontânea, a aprendizagem multissensorial e prática, os ambientes naturais (por exemplo, ambientes amplos, jardins, plantas, artes, animais). Ao contrário disso, um programa de primeira infância inadequado não contém esses elementos e, em vez deles, enfatiza lições formais de leitura, escrita, matemática e outras disciplinas acadêmicas; usa ferramentas de alta tecnologia, como computadores e televisões; exige tarefas de casa; emprega testes padronizados; tem um período escolar mais longo, sem tempo para descanso e outras experiências que envolvam tempo livre; uma abordagem de ensino centrada no professor. As palavras "prontidão", "intervenção precoce", "educação infantil acadêmica" e "o lúdico com um propósito" são em geral sinais de que um programa se afastou do extremo do *continuum* em que se encontra o Discurso do Desenvolvimento Humano e de que se aproximou do Discurso de Resultados Acadêmicos (ver Figura 3.1 para exemplos de práticas de desenvolvimento adequadas e inadequadas na educação da primeira infância).

Naturalmente, muitos (senão a maioria) dos programas de primeira infância combinam aspectos de ambos os discursos. Contudo, em uma época em que o Discurso de Resultados Acadêmicos é a voz avassaladora na educação, o movimento observado em muitos programas de ensino da primeira infância vai em direção a uma abordagem mais formal, tecnológica e acadêmica. Que isso deva ocorrer em uma sociedade já estressada e fragmentada é uma tragédia de proporção gigantesca.

PARA ESTUDO POSTERIOR

1. Visite uma escola de educação da primeira infância em sua área, com foco no desenvolvimento humano, e uma que tenha uma orientação voltada aos resultados acadêmicos. Que observações e reflexões você faz sobre os dois programas? Registre suas visitas e compartilhe seus *insights* com um grupo de colegas que tenham feito visitas similares.

2. Reflita sobre suas próprias experiências relacionadas ao ato de brincar em sua infância. Registre as memórias, sentimentos e pensamentos que vêm à sua mente. Que impacto essas experiências tiveram em sua vida futura?

Práticas de desenvolvimento inadequado	Práticas de desenvolvimento adequado
Ambiente artificial na sala de aula.	Atividades lúdicas sem limites.
Período escolar longo.	Período escolar curto.
Eliminação de tempo para descando ou intervalo.	Tempo para descanso.
Instrução voltada a habilidades formais acadêmicas.	Aprendizagem informal durante todo o tempo.
Tarefa de casa.	Envolvimento dos pais com a escola
Exigência de um longo tempo de trabalho a ser realizado sentado.	Movimento e aprendizagem durante a maior parte do tempo.
Testes padronizados.	Registro cuidadoso do ato de brincar das crianças e do que elas revelam sobre seus mundos internos e externos.
Programa centrado no professor.	Programa centrado na criança.
Computadores, televisão, internet.	Ausência de ferramentas de alta tecnologia; muitas experiências multissensoras.
Programa de "aulas" em unidades temporalmente curtas.	Muito tempo para brincar livremente.
Divisão do dia escolar em "matérias".	Oportunidades freqüentes para serendipidade, espontaneidade e diversão.
Criação de objetivos instrucionais para as crianças.	Atenção à integridade, à totalidade e à sabedoria das crianças pequenas.
Exigência que todos os alunos envolvam-se nas mesmas atividades ao mesmo tempo.	Liberdade para que as crianças escolham suas próprias atividades.

Figura 3.1 Práticas de desenvolvimento inadequado e práticas de desenvolvimento adequado na educação da primeira infância.

3. Observe as crianças brincando livremente. Como elas incorporam a cultura que as cerca? Como usam a imaginação? Observe os tipos de interação social que ocorrem: o que você acha que as crianças estão aprendendo enquanto brincam?

4. Faça uma pesquisa na internet sobre a importância das atividades lúdicas na primeira infância. Use termos de busca como "brincar, importância", "brincar, impacto positivo", "brincar, influência positiva", "brincar, criatividade" e "brincar, habilidades cognitivas". Faça com que alguns de seus colegas envolvam-se em uma pesquisa similar. Reúnam-se para compartilhar resultados e discutam as implicações das descobertas feitas.

5. Leia sobre as escolas de Reggio Emilia, Waldorf e pré-escolas voltadas ao desenvolvimento (Observação: as fontes das citações utilizadas

neste capítulo estão nas Referências deste livro). Envolva um ou mais colegas em uma experiência similar de leitura (eles podem ou ler as mesmas fontes ou ler fontes diferentes sobre o mesmo tema). Se possível, visite uma ou mais dessas escolas em sua região. Compartilhe reflexões e observações.

6. Pergunte-se se os programas da primeira infância em seu distrito escolar tendem a ter uma perspectiva de desenvolvimento humano ou um foco nos resultados acadêmicos. Que fatores contribuíram para essa situação? Se os programas são mais acadêmicos, o que poderia ser feito para torná-los mais próximos das práticas adequadas ao desenvolvimento?

4

Escolas de Ensino Fundamental (Séries Iniciais): Aprendendo como o Mundo Funciona

Agora, o que eu quero são os Fatos. Somente ensine a estes meninos e estas meninas os Fatos. Os Fatos é que são necessários à vida. Não plante outra coisa; arranque todo o resto. Só se pode formar as mentes de animais pensantes com Fatos: nada mais terá qualquer serventia a eles. Esse é o princípio sobre o qual educo meus próprios filhos e esse é o princípio sobre o qual educo estas crianças. Não desgrude dos Fatos, senhor!

Mr. Gradgrind, em *Hard times* (Charles Dickens)

Com a ascensão do Discurso de Resultados Acadêmicos, as escolas americanas ficaram cada vez mais sujeitas aos ditos dos Gradgrinds da educação. Retornamos aos "tempos difíceis", de Charles Dickens, isto é, transformamos nossa salas de aulas em fábricas de conteúdos e habilidades que lembram a exploração das fábricas da Revolução Industrial – em vez de transformá-las em um lugar onde haja entusiasmo pela criação de novas idéias. O movimento de padronização tem sobrecarregado as crianças com inúmeros fatos que devem ser conhecidos, para que tanto as escolas quanto as crianças não tenham de enfrentar punições. O movimento pela alfabetização cultural criou escolas tidas como nucleares, que dão aos alunos milhares de minúcias sobre milhares de fatos. Os modelos de instrução direta fornecem aos professores modelos rígidos que devem ser cumpridos ao pé da letra para ensinar às crianças os detalhes da leitura, da escrita e da matemática. Os pesquisadores em educação empregam suas ferramentas de verificação o fim de elogiar a aprendizagem baseada em fatos como sendo a abordagem de ensino mais rigorosa cientificamente.

Em salas de aula consideradas as melhores nesses três sistemas e programas, as crianças obtêm resultados elevados em exames padronizados. Elas aprendem fatos assiduamente. No entanto, há um aspecto negativo, como a educadora Micaela Rubalcava (2004, § 6-11) relatou:

> As crianças parecem estressadas. Quando estão sentadas, balançam as pernas como sinal de nervosismo e, com freqüência, olham para o relógio na parede. São crianças de 9 e 10 anos curvadas sobre papéis e lápis, silenciosas como camundongos, fazendo exatamente aquilo que lhes foi pedido em exercícios matemáticos e em estruturas frasais. Quando saem para o intervalo, para o almoço e para a educação física, eu pergunto a dois garotos se gostam da escola. Eles dizem que a escola é "ok". Falam de notas. Falam em resultados obtidos por meio de um programa de aceleração de leitura. Falam sobre a quantidade de trabalho a cumprir. Fazem piada sobre quando ganham um cartão amarelo de advertência por mau comportamento. Todavia, na maior parte do tempo, não querem falar porque sentem necessidade de correr, agitar-se e rolar pelo chão. Uma menina da turma me diz que não tem nada de ruim a falar sobre sua professora atual, mas que sua professora favorita era a do ano passado. "Por que você gostava tanto dela?" perguntei. "Porque ela tinha ossos de rato e galinhas mumificadas em um templo egípcio, duas cobras e três tartarugas, além de *puffs* para a gente sentar. Nós cortávamos minhocas e pescávamos trutas. Escrevíamos durante um bom tempo sobre os peixinhos pequenos que pescávamos, e no penúltimo dia de aula, nós os soltávamos na água. Um dia, fiquei toda molhada"– disse a garota, rindo.

Os educadores que utilizam o Discurso de Resultados Acadêmicos, em geral, dão destaque à existência de um chamado desnível de resultados que tem atingido as escolas. Contudo, há um desnível educacional muito mais profundo que precisa ser suplantado: aquele que separa o "mundo da escola" e o "mundo real". Todas as crianças, mas em especial as que estão no ensino fundamental, tem como foco principal de desenvolvimento a necessidade de descobrir como o mundo funciona.

Como veremos neste capítulo, as crianças que entre 7 e 11 ou 12 anos têm necessidades peculiares de desenvolvimento que fazem da aprendizagem sobre o mundo a diretriz de suas vidas. Se o mundo na escola consiste em ossos de rato, galinhas mumificadas, cobras e tartarugas, suas mentes curiosas se voltarão a isso. Se o mundo, por 6 ou 7 horas por dia, cinco dias por semana, for o de testes, fatos, habilidades, livros diáticos, exercícios, etc., elas se dedicarão à tarefa de dominar e entender tal mundo. O educador John Holt (1995) escreveu muito bem em relação a como as crianças lidam com a escola e listou algumas das estratégias usadas para fazê-lo na sala de aula tradicional, incluindo a "estratégia do murmúrio":

> A "estratégia do murmúrio" é particularmente eficaz nas aulas de línguas. Em minhas aulas de francês, os alunos costumavam usá-la, sem que eu soubesse o que estava acontecendo. É uma estratégia bastante eficaz com um professor rigoroso no que diz respeito a sotaque e orgulhoso do seu. Fazer com que esse professor responda às questões que o próprio aluno deveria responder é fácil. Basta que o aluno dê uma resposta murmurada, adulterada e terrivelmente distinta do francês que o professor espera ouvir para que ele logo dê a resposta. O aluno terá de repetir o que o professor disse, mas não terá corrido risco algum por não ter respondido. (Holt, 1995, p. 23)

As crianças aprendem com seus professores a ler, guardar cartas na manga, copiar o trabalho de um colega, "colar" de um colega em um teste – seja o que for que os mantenha vivos neste mundo de altas exigências e baixo entusiasmo.

Temos de admirar as crianças por sua habilidade de trabalhar de acordo com o sistema. Ainda assim, essa capacidade é uma grande tragédia em curso, pois as crianças estão desperdiçando sua preciosa energia no minúsculo mundo daquela sala de aula baseada em fatos, além de estarem sendo tolhidas de ter contato com o imenso, entusiasmador e encantador mundo que só está esperando para ser descoberto. Como aprendiz adulto, basta que nos imaginemos em algum contexto da vida real para entender a tragédia em curso. Por exemplo, alguém que esteja envolvido com um *hobby*, trabalhando, gozando suas férias, quando, de repente, se depara com alguma força invisível educacional e é forçado a sentar-se em uma carteira minúscula em uma sala pequena ouvindo um professor despejando conteúdos sobre seu *hobby*, sobre seu emprego ou sobre sua viagem. Seria terrivelmente absurdo. Entretanto, por que com as crianças pode acontecer?

No restante deste capítulo, será analisada a lacuna existente entre o mundo da escola e o mundo real, provando-se que eliminá-la é, de fato, importante para as crianças do ensino fundamental. Serão apontadas algumas necessidades mais amplas de desenvolvimento das crianças e, depois, será discutido o porquê de *aprender como o mundo funciona* é fundamental nesta fase da vida. Em seguida, serão examinadas com maior profundidade algumas práticas mais inadequadas que fazem parte da rotina da escola de ensino fundamental e que afastam as crianças do mundo real. Finalmente, algumas entre as melhores práticas usadas, que reconhecem as necessidades da criança de explorar o mundo incrível que está à sua volta, serão abordadas (Figura 4.1 para uma lista de práticas adequadas e inadequadas para essa faixa etária).

Práticas de desenvolvimento inadequado	Práticas de desenvolvimento adequado
Ambiente artificial na sala de aula.	Sala de aula aberta ao mundo real (literalmente e figurativamente).
Ênfase excessiva em leitura, escrita e matemática.	Leitura, escrita e matemática estão relacionadas às descobertas do mundo real.
Livros didáticos, folhas de exercícios, livros de exercícios.	Materiais autênticos de aprendizagem que são normalmente parte do mundo real (internet, literatura, materiais de arte, ferramentas científicas, artefatos históricos, etc.).
Programas de ensino previamente estabelecidos.	Exploração do mundo por parte do aluno, com orientação do professor.
Programas de aprendizagem baseados em fatos.	Aprendizagem baseada em encontros com o mundo real, resultando em idéias, *insights*, revelações, reflexões, observações, etc.

Figura 4.1 Práticas de desenvolvimento inadequado e práticas de desenvolvimento adequado no ensino fundamental.

NECESSIDADES DE DESENVOLVIMENTO DAS CRIANÇAS NO ENSINO FUNDAMENTAL

Quando as crianças chegam aos 6 ou 7 anos, deixam o mundo mágico da primeira infância para trás e não mais experimentam percepções fisionômicas, sinestesia, imaginação eidética ou animismo como formas de compreender o mundo. Há um crescimento no cérebro entre as idades de 6 e 13 anos, conectando regiões cerebrais especializadas em linguagem e em entendimento das relações espaciais (Thompson et al., 2000). As crianças não mais misturam os conteúdos de suas experiências internas e externas. Em vez disso, constroem um *self subjetivo* interno e um mundo *objetivo* externo.

Piaget observou que aos 7 anos as crianças passam ao pensamento operacional concreto e são mentalmente capazes de reverter operações, por exemplo, adicionando 3 a 4 para chegar a 7 e, depois, retirando 3 para chegar a 4 de novo. Podem também conservar massa, isto é, ver duas porções equivalentes de argila – uma sob forma bem fina e delgada e outra em formato de uma bola – como continentes da mesma quantidade de argila. Sabem classificar os objetos de acordo com seus diferentes atributos – espessura, cor, esfericidade, umidade – e seriar objetos (por exemplo, separar comprimentos diferentes de corda) do maior para o menor e vice-versa (ver, por exemplo, Flavell, 1963). São capazes de imergir em seu mundo imaginário e retornar à realidade do mundo externo. Essas habilidades recém-descobertas capacitam as crianças a dominar conceitos matemáticos, decodificar palavras, e pensar enquanto lêem, escutam o professor ou fazem qualquer outra atividade de aprendizagem.

Nesta idade, as crianças voltam-se ao interior de suas mentes, mas também tendem a dar passos mais largos em direção ao mundo social. Antes dos 6 ou 7 anos, as crianças vivem em um mundo social restrito, habitado, em grande parte, por seus pais ou responsáveis e por alguns colegas, parentes e professores mais significativos. Em algum momento entre 5 e 7 anos, as crianças tornam-se seres sociais em meio a uma rede social mais ampla e mais complicada. Em Burma, os garotos interpretam a transformação do príncipe Sidarta em Buda na cerimônia chamada Shinbyu. Na Turquia, os garotos são circuncidados pouco antes de entrar na escola no ensino fundamental, em uma época em que são capazes de compreender a significação do ritual. Os jesuítas têm um ditado: "Dê-me a criança antes dos 7 anos, e eu lhe darei um homem". Na maioria das culturas não-alfabetizadas, as crianças começam a assumir responsabilidades sociais entre 5 e 7 anos: elas cuidam dos irmãos mais jovens, ajudam a caçar, plantar e colher, e realizam atividades domésticas tais como fiar, tecer, cozinhar e costurar. Na sociedade moderna, as crianças entre 5 e 7 anos encaminham para um mundo social habitado não só por seus pais e por pessoas significativas, como também por amigos, irmãos e pais dos amigos, colegas de aula, líderes de grupos de escoteiros, técnicos, colegas de equipe esportiva, heróis da mídia e muitas outras pessoas importantes.

Participar integralmente deste mundo social é boa parte do que este período da infância representa. As crianças, nessa fase, estão interessadas em descobrir quais são as regras de conduta social. Por realizarem a reversibilidade do pensamento, tornam-se capazes de envolver-se em relações recíprocas e em rituais sociais. Quando jogam, por exemplo, podem passar tanto tempo discutindo as regras do jogo e sobre o que é ou não válido (isto é, quais comportamentos devem ser aplicáveis a todas as partes envolvidas) quanto passam jogando o próprio jogo. Nas amizades, envolvem-se em um processo de dar e receber ("troco seus dois chicletes por meu lanche") ou protestam quando o processo é rompido ("Você me bateu e não pediu desculpas. Não sou mais seu amigo."). Sendo assim, a vida para as crianças da escola de ensino fundamental está muito mais próxima das dimensões cognitivas e sociais da idade adulta do que os estágios de desenvolvimento anteriores da primeira infância.

FOCO NO DESENVOLVIMENTO: APRENDENDO COMO O MUNDO FUNCIONA

Como as crianças nesta idade começam a participar de modo ativo do atribulado mundo social e pela primeira vez são capazes de pensar de uma maneira semelhante à adulta sobre o mundo, ficam famintas por saber qual é a função desse mundo. É quase como se dissessem: "Como funciona este mundo novo, grande e maravilhoso? Que espécie de pessoas diferentes há nele? Quais são as regras? E eu, como funciono? O que meu coração faz? Por que respiro mais rápido quando subo uma colina? O que posso realizar neste mundo? Qual velocidade atinjo ao correr? Que altura posso atingir ao saltar? E o que dizer dessas coisas todas à minha volta que são parte da paisagem? Como elas funcionam? Como é que um relógio funciona? O que faz um carro correr? Por que o céu é azul? Por que o alvejante torna as roupas brancas? O que causa os relâmpagos?".

Coisas que, na primeira infância, costumavam apenas estar por aí sem que a criança as dominasse ou que apenas estavam além de sua consciência, agora tornam-se parte de um novo mundo a ser construído, compreendido e mesmo controlado. "Como funciona minha bicicleta (para que eu possa consertá-la)? Como sabemos qual será a temperatura (de modo que eu possa me preparar para o frio ou para o calor)? Como usar um mapa (para que eu possa achar um caminho naquela trilha)? Há um senso de urgência e entusiasmo em relação a tudo isso. O especialista em desenvolvimento humano Erik Erikson (1993) chamou essa sensibilidade de "diligência" – a inclinação por descobrir, inventar, criar e explorar. É como se a criança dissesse: "O mundo é um lugar incrível – há outros países, há pessoas que falam línguas diferentes e que têm costumes diferentes. Há música para ouvir, livros para ler e esportes para jogar, a natureza para explorar, além de todos os tipos de coisas interessantes para fazer. É tudo muito instigante!".

As crianças são o que gosto de chamar de "pragmatistas estáticos". Traga algo interessante para a sala de aula – um fóssil, uma máscara africana, um brinquedo mecânico, um instrumento musical esquisito, uma cobra ou um lagarto (ou qualquer outro animal vivo) e observe como estarão todas correndo umas por cima das outras para pegar o objeto, curiosas por descobrir tanto quanto puderem sobre esse novo item em seu universo de aprendizagem que tão rapidamente se expande. A importância dos tipos de descobertas que as crianças fazem e os *insights* que têm sobre o mundo nessa idade não podem ser superados.

Muitas crianças passam por experiências definidoras – experiências que delas se apoderam, provocando uma sensação de êxtase, entusiasmo ou fascinação, permanecendo com elas pelo resto da vida (Walters e Gardner, 1986). Quando Joseph Lister, o descobridor da cirurgia anti-séptica, tinha 10 anos, seu pai estava avaliando suas lições da escola, e Joseph notou uma bolha no vidro da janela para a qual estava olhando. Observou que a bolha ampliava o que estava do lado de fora e, a partir daquele momento, ficou fascinado com ótica, acabando por inventar a lente acromática (Illingsworth e Illingsworth, 1969). O cineasta Ingmar Bergman (1988) identificou a origem de seu amor pelo cinema na infância: "Eu havia ido ao cinema pela primeira vez, onde vi um filme sobre um cavalo. Acho que se chamava *Black beauty* e era baseado em um livro famoso. O filme estava em cartaz no cinema Sture, e nós nos sentamos na primeira fila. Para mim, foi o começo. Fui atacado por uma febre que nunca mais me abandonou" (p. 14). Depois de ler alguns livros na infância sobre Tarzan e Dr. Doolittle (um médico que vai para a África e fala com os animais), a naturalista Jane Goodall disse que começou a sonhar em ir à África (Goodall e Berman, 2000).

Ao atingir 6 ou 7 anos, é adequado ensinar às crianças sistemas simbólicos, como leitura, escrita e matemática, porque são aspectos importantes deste mundo sobre os quais querem muito aprender. Ao descobrir como decodificar rabiscos, as crianças podem imaginativamente (porque agora possuem uma mente subjetiva) viajar pelo espaço, pela China, pela Casa Branca, pela era dos dinossauros e por milhares de outros lugares. Ao aprender sobre sistemas numéricos, podem entender como o sistema monetário funciona e como economizar para comprar o que querem. Também podem aprender sobre outros simbólicos: sistemas para fazer arte, para jogar futebol, para ler música, para descobrir uma trilha em uma montanha, para entender o que as pessoas de outras culturas estão dizendo. Essa também é a época apropriada para ferramentas de alta tecnologia, já que a tecnologia oferece novas possibilidades para a criança explorar o mundo. A televisão e o vídeo permitem à criança ver a vida em outro país sem de fato ter de viajar até ele, participar de histórias fictícias e de aventuras, aprender novas habilidades, como tricotar, construir uma mesa, cozinhar. A internet permite um acesso mais fácil e mais rápido à informação sobre qualquer aspecto do mundo. Os *softwares* permitem às crianças a criação de seus próprios mundos simbólicos, das habilidades práticas valorizadas no mundo, conhecimentos sobre dinheiro, rock, história, e assim por diante. Qualquer abordagem de ensino que ajude as crianças do ensino fundamental a desvendar mais sobre o mundo onde vivem tem legitimidade como estratégia educacional.

PRÁTICAS INADEQUADAS DE DESENVOLVIMENTO NO ENSINO FUNDAMENTAL

Infelizmente, o Discurso de Resultados Acadêmicos resultou na adoção crescente de práticas na sala de aula que tendem a significativamente estreitar as lentes pelas quais toda criança enxerga o mundo e interage com ele. Em alguns casos, essas práticas, de fato, suprimem o entusiasmo da criança pelo mundo e podem até convencer o aluno de que ele não tem valor como explorador do conhecimento. Erik Erikson empregou o termo "inferioridade" para descrever a que estão sujeitas as crianças do ensino fundamental se sua engenhosidade for suprimida (1993). Elas param de perguntar-se sobre as coisas, perdem o gosto pela construção de novo conhecimento e não mais se vêem como aprendizes positivos. Esta seção detalhará algumas das mais flagrantes violações pedagógicas da inclinação da criança a aprender como dominar o mundo a seu redor.

Ênfase excessiva em leitura, escrita e matemática

Conforme observado, o ensino de leitura, escrita e matemática é parte essencial da iniciação da criança do ensino fundamental ao mundo social. Esses são sistemas simbólicos poderosos que permitem à criança ingressar em um envolvimento significativo com o mundo de uma nova maneira. A questão não é se devem ser ensinados nessa etapa – é claro que devem –, mas o quanto isso deve ser parte da rotina escolar. O jornal *The Washington Post* (Perlstein, 2004) relatou: "Em anos recentes – especialmente desde a lei No Child Left Behind (2001) – muitas escolas passaram a dar muita ênfase à leitura, à escrita e à matemática, direcionando todos os programas de ensino a dar auxílio aos alunos nesse sentido" (p. A1). Infelizmente, isso resultou em negligenciar outras disciplinas. Na

Highland Elementary School, em Wheaton, Maryland, por exemplo, o horário diário antes dedicado às ciências e aos estudos sociais foi substituído pela escrita para os alunos de 2ª e 3ª séries. A leitura passou a ter uma hora e meia para todos os 770 alunos. Alguns alunos que têm dificuldade em ler passam quase metade do período escolar estudando leitura, observou Perlstein.

A teoria das múltiplas inteligências, de Gardner (1993), critica as escolas por darem atenção demasiada às inteligências lingüística e logico-matemática em detrimento das outras seis inteligências (musical, espacial, interpessoal, intrapessoal, corpóreo-cinestésica e naturalista). As crianças com dons de cartunista, animador, músico, ecologista, violinista, marceneiro e dançarino, por exemplo, terão cada vez menos oportunidades (se é que terão alguma oportunidade) de demonstrar e desenvolver competências que, para elas, podem ser a chave para seu sucesso e satisfação na vida (Armstrong, 1998).

Um problema adicional relacionado a essa ênfase excessiva em leitura, escrita e matemática é a mudança significativa na forma como essas disciplinas são ensinadas. Não faz muito tempo que as crianças aprendiam a ler e a escrever envolvendo-se em uma rica interação com a palavra escrita e falada por meio da literatura infantil premiada, de ortografia inventada, do estímulo significativo da linguagem oral e pelo ensino de habilidades fonéticas, sintáticas e semânticas no contexto do processo real de leitura e escrita em áreas de interesse (Goodman, 2005). Hoje, com a ênfase na mensuração da leitura e do progresso na escrita por meio de testes padronizados, novos programas foram instituídos em muitas salas de aula americanas, desvinculando a habilidade de leitura do *processo real* de *leitura a fim de aprender* sobre o mundo.

Um professor da University of New Mexico, Richard J. Meyer (2002, § 1), escreveu sobre a mudança que ocorreu no ensino fundamental:

> A sala de aula era um lugar repleto de alegria para Karen ensinar, pois o distrito escolar confiava em sua tomada de decisão em relação a ensinar e aprender. Trabalhos diários de leitura e escrita forneciam evidências do que as crianças sabiam, e o uso que Karen fazia de avaliações (como a análise de erros) ajudava-a a decidir o que ensinaria a seguir. Cada texto produzido pelos alunos – e há muitos em diários, histórias e outros gêneros – sugeria que as crianças estavam compreendendo e o que poderia ser reforçado com as aulas estratégicas que Karen preparava de acordo com as necessidades dos alunos.

Então, houve um protesto na comunidade devido aos baixos escores em leitura na 2ª série, e o distrito escolar rapidamente adaptou e exigiu o ensino de um programa de fonética. Meyer (2002) escreveu:

> A vida na sala de aula mudou em resposta à nova exigência fonética, porque as lições consumiam tempo. Karen diz: "Meus alunos precisam ouvir histórias. Precisam envolver-se com literatura de verdade... embora [agora] eu sempre pareça estar brigando com o relógio". Ela explica que o programa obrigatório é tão voltado à precisão que seus alunos estão menos dispostos a correr riscos como leitores e escritores. Isso, em combinação com menos tempo para escrever, faz Karen pensar em todas as possibilidades perdidas de ensino, de aprendizagem e de os jovens leitores e escritores expressarem a si mesmos, suas idéias, suas esperanças, seus sonhos e sua imaginação".

Na verdade, em tal ambiente, os alunos têm menos oportunidades de aprender sobre o mundo que os cerca. Em vez disso, aprendem o que um punhado de pesquisadores, elaboradores de currículos e editores de programas de leitura querem que eles saibam.

Programas de ensino roteirizados

Uma das principais características do programa de leitura fônico citado acima é o uso de "roteiros" que os professores lêem *verbatim* à medida que cumprem cada plano de aula. Esse uso crescente de roteiros rígidos no ensino é, em grande parte, um resultado da influência da Direct Instruction (DI) na educação norte-americana. Embora a expressão "instrução direta" tenha sido empregada para descrever tipos diferentes de abordagens de ensino, a DI foi originalmente desenvolvida pelo antigo executivo de publicidade Sigfried Engelmann, o qual, na década de 1960, criou o programa DISTAR (Direct Instruction System for Teaching Arithmetic and Reading) como parte da guerra do presidente Johnson contra a pobreza (Engelmann, 1981). A recente popularidade da DI deriva, em grande parte, do sucesso obtido como um dos programas para a melhoria dos resultados estudantis conforme a mensuração de testes padronizados (American Institutes for Research, 2005).

A Direct Instruction, cujas raízes estão no behaviorismo dos anos de 1950 (Skinner, 2002), focaliza sua atenção em pequenos incrementos no domínio das habilidades de leitura. Para ilustrar como funciona o roteiro, aqui está um exemplo de um roteiro de três partes usado para ajudar os alunos a aprender a ler a palavra "sat":

> 1. (Aponte para sat.) Você vai tocar embaixo das letras enquanto pronuncia esta palavra e irá pronunciá-la com rapidez (Toque sob o "s".) Qual é o primeiro som que você dirá? "sss". (Toque sob o "a") Qual é o próximo som que você pronunciará? "aaa". (Toque sob o "t".) Qual é principal som que você pronunciará? "ttt".
> 2. Toque a primeira bola da seta. Respire profundamente e pronuncie os sons à medida que você toca embaixo deles. Apronte-se. Vá. (Criança toca embaixo do "s,", "a" e "t" e diz "sssaaat". (Repita até ficar firme.)
> 3. Pronuncie-a com rapidez: "sat". Muito bem, que palavra? "Sat". Você leu a palavra sat. Boa leitura (Engelmann, Haddox e Bruner, 1983, p. 53).

O fato de que todos os professores nos Estados Unidos que usam este programa sejam requisitados a seguir o mesmo roteiro no ensino de seus alunos significa que há nele uma padronização embutida que se presta bem à pesquisa estatística. Sua atmosfera de teste (avaliações freqüentes são parte da abordagem de ensino DI) significa que ela essencialmente prepara os alunos para testes que validarão seu método.

Contudo, de acordo com nosso critério de desenvolvimento ("O quanto essa abordagem auxilia na aprendizagem dos alunos em relação ao mundo que os cerca?"), a DI e os planos de aula roteirizados têm um desempenho bastante ruim. "Um macaco treinado poderia seguir esse programa", diz Janice Auld, presidente da North Sacramento Education Association, quando falava sobre um programa de leitura baseado em planos roteirizados. Sendo uma professora experiente, achou o processo de adoção do currículo "humilhante e aviltante" (Colt, 2005, § 5). A aula é desconectada da vida real. Em vez de aprender sobre a palavra "sat" no contexto de leitura de um livro sobre os pioneiros, sobre o sistema solar ou sobre como fazer pão, os alunos têm de aprendê-la no contexto de um plano de aula entediante. Que tipo de mundo-robô é esse sobre o qual são obrigados a aprender?

Aprendizagem baseada em fatos

O Discurso de Resultados Acadêmicos dá primazia ao conhecimento que possa ser avaliado por testes padronizados. Por conseguinte, os programas de aprendizagem que enfatizam a aquisição de grupos de informações finitas e testáveis são os que recebem maior sustentação no ambiente do Discurso de Resultados Acadêmicos de hoje. Na vanguarda desse movimento está o trabalho de E. D. Hirsch Jr. (1988, 1999), o qual construiu um império pedagógico com base em uma receita forçada de informação factual às crianças da escola. Seu sistema de aprendizagem – equivalente ao do personagem Thomas Gradgrind, de Dickens, adaptado ao século XXI – consiste em planos de aula altamente estruturados, seqüenciais e factuais que requeiram dos alunos exercitar repetidamente o que aprenderam, memorizar e até fazer experiências, desenhar e cantar sob o comando do professor.

À primeira vista, o sistema parece perfeitamente adaptado às necessidades das crianças do ensino fundamental. Afinal, se a necessidade primeira desta idade é aprender como o mundo funciona, então o sistema de Hirsch parece encaixar-se mais do que qualquer outro naquilo que é recomendado. Os alunos passam, por meio de uma abordagem-furação, por boa parte dos fundamentos do conhecimento do mundo (da música, arte e poesia à ciência, matemática e geografia). Aprendem sobre dentes, divisão celular, arte islâmica e o movimento dos direitos civis dos anos de 1960.

Todavia, há uma série de problemas com esta maneira de desvendar o mundo. Primeiro, carece de encontros genuínos com o mundo real. Em vez disso, os alunos recebem seus "módulos de conhecimento" já "pré-comprimidos" e "pré-embalados" para consumo. Os alunos da 2ª série recebem sacolinhas de insetos para investigar (há 16 habilidades que eles têm de aprender sobre os insetos). Os alunos de 5ª série recebem uma bola de neve de papel para aprender sobre a neve na Rússia (George e Hagemeister, 2002, p. 3). Os alunos da 8ª série têm de tomar notas sobre "Os quatro aspectos que a poesia lhe oferece" (prazer, veracidade, ajuda, envolvimento) (Terryn, 2002, p. 2). As lições são estruturadas de maneira que a espontaneidade, a serendipidade e o encantamento proveniente de encontros genuínos com o mundo são excluídos e substituídos por módicos fac-símiles. Os alunos não aprendem tanto sobre o mundo quanto aprendem sobre as pessoas que acham que podem dar conta da riqueza, da profundidade e da complexidade do mundo em uma série de planos de aula seqüenciados. Elas sentam em suas cadeiras, e o mundo lhes é trazido em pequenos pacotes, em vez de irem ao mundo para, de fato, explorá-lo ativamente usando sua imaginação, sua curiosidade e seu questionamento.

Livros diáticos e exercícios

De maneira similar, o uso de livros didáticos, exercícios e sistemas de aprendizagem em relação a qualquer tópico, incluindo história, estudos sociais, ciência e saúde, é uma mensagem para as crianças de que o mundo real está, de alguma forma, contido em livros impressos em papel brilhante sobre os quais não se pode escrever e nos quais há fotos, gráficos e informações extras desconectados entre si. Há também a mensagem de que se interage melhor com o mundo por meio de folhas de exercício cheias de atividades de completar lacunas; circular verdadeiro ou falso; escolher a, b, c ou d; relacionar a primeira coluna à segunda. Como disse a reformadora escolar Deborah Meier (1999-2000, § 50):

> Em uma nação onde os livros didáticos são o veículo principal para a distribuição do conhecimento escolar, alguns poucos editores de livros, com base em algumas leis estatais majoritárias sobre o assunto, dominam a área, oferecendo aos professores, escolas e alunos relatos bastante padronizados do que se deve aprender e quando e como passar esse conhecimento. Além disso, a maior parte dos livros diáticos sempre vêm organizados com seus próprios testes de final de capítulo, cada vez mais projetados para se parecerem com testes de fato. Na verdade, os elaboradores de testes são também os editores de muitos dos testes padronizados.

Os livros didáticos dificilmente se voltam ao mundo real; e, em vez disso, o comprimem em várias centenas de páginas de prosa sem cor. Afinal, tais livros não são escritos por seres humanos. São escritos por comitês ansiosos por evitar controvérsia. A historiadora da educação Diane Ravitch (2003c, § 7-8); ver também Ravitch, 2003a) compara, a seguir, os livros didáticos (que os alunos acham entediantes) com livros longos, clássicos da literatura infantil, como a trilogia *O senhor dos anéis*, de J. R. R. Tolkien, e a série *Harry Potter* (que fascinam os alunos).

> Em contraste com as histórias cativantes contadas por Rowling e Tolkien, os livros de história passam levemente pela superfície dos eventos, ignorando o fato de que a história é, antes de mais nada, uma *história* a ser contada. Os livros de história são excelentes no que diz respeito a mencionar inúmeros eventos, inúmeras pessoas e idéias e em comprimi-las em pequenos resumos de uma página ou duas. O drama da história e da biografia é sacrificado ao imperativo de "cobrir" tudo em um só volume. Embates entre o bem e o mal foram abolidos, sendo substituídos por uma prosa trivial e por esquetes diminutos. De modo similar, livros de leitura e literatura chegaram ao ápice da

banalidade. Aqueles que os elaboram são cuidadosos em excluir temas controversos, qualquer coisa que possa desagradar grupos de pressão da esquerda e da direita. Ambicionam não o envolvimento da imaginação do aluno, mas sustentar sua auto-estima. A correção demográfica – o percentual certo de autores e personagens de qualquer segmento possível da sociedade – tornou-se mais importante do que a excelência literária.

Em resumo, a combinação de um currículo comercialmente produzido, entediante e apresentado com rigidez em conjunto com os testes padronizados provoca um grande risco para as crianças do ensino fundamental, porque em tal sistema são impedidas de realizar o que mais almejam nesta etapa da vida: experiências significativas de aprendizagem que as ensine como funciona o mundo real.

AS MELHORES ESCOLAS DE ENSINO FUNDAMENTAL: EXEMPLOS DE PRÁTICA ADEQUADA AO DESENVOLVIMENTO

Ao contrário das práticas educacionais inadequadas apresentadas, há uma variedade de abordagens criativas na aprendizagem no ensino fundamental que ensinam as crianças como o mundo funciona. Essas práticas exemplares efetivamente fecham a lacuna entre o mundo artificial da escola e a riqueza e o entusiasmo da cultura e da natureza. O que tais métodos e programas de aprendizagem têm em comum é uma filosofia educacional que vê a criança como um participante ativo da construção de conhecimento autêntico sobre o mundo. Esses programas são a expressão viva do Discurso do Desenvolvimento Humano na medida em que adotam uma abordagem centrada na criança no que diz respeito à aprendizagem, valorizam o desenvolvimento dela como um todo e consideram as experiências mais elevadas de aprendizagem em termos de uma interação humana significativa e entusiástica com o mundo, e não com a obtenção de altos escores em testes.

MicroSociety

Uma maneira única de ensinar os alunos sobre como o mundo funciona é reconstruí-lo o no espaço físico da escola. Esta é a premissa fundamental da abordagem MicroSociety da aprendizagem, criada por um professor da escola Brooklyn, George Richmond, em 1967, como resposta à falta de entusiasmo em relação ao currículo escolar tradicional de parte de seus alunos de 5ª série, considerados em situação de risco (Richmond, 1997). A primeira escola MicroSociety foi inaugurada em Lowell, Massachusetts, em 1981. Atualmente, a abordagem é usada em mais de 250 escolas nos Estados Unidos. Nos programas da MicroSociety, os alunos estudam disciplinas acadêmicas tradicionais durante a manhã e, à tarde, aplicam seu conhecimento construindo uma minissociedade na própria escola. As escolas MicroSociety têm seus próprios bancos e sistemas econômicos (os alunos são pagos por seu trabalho e podem usar seu "dinheiro" para comprar coisas), sistemas governamentais (os alunos são julgados e punidos por infrações das leis criadas por eles mesmos), seu próprio setor de comércio (os alunos criam e administram seus negócios) e suas próprias instituições culturais e artísticas.

Cada MicroSociety é diferente, pois as alunos moldam seus mundos de acordo com as necessidades e com os interesses específicos da população estudantil. Em uma escola do Texas, os alunos mais jovens usaram seu dinheiro para "contratar" alunos mais velhos para ler para eles. Em uma escola da Flórida, um aluno criou e comercializou um vídeo de exercícios. Na escola de Lowell, um aluno que passou uma série de cheques sem fundo em uma compra de Natal teve sua remuneração confiscada e foi sentenciado a prestar serviços comunitários (Wilgoren, 2001). Os alunos da escola Myers em Taylor, Michigan, nomeavam a escola "Myersville". Ela inclui, entre outros, uma boutique que vende bens recicláveis; um escritório de censo e estatística, onde os alunos realizam pesquisas de opinião e geram outros dados relevantes sobre a escola; uma estufa em que se cultivam e vendem sementes e plantas; um museu onde os alunos ensinam outros alunos sobre a comunidade local; um tribunal de trânsito onde podem receber uma multa por "velocidade excessiva" (correr nos corredores) (Higgins, 2005).

Educação baseada na comunidade

Outra maneira pela qual as crianças aprendem sobre como o mundo funciona é por meio do contato direto com a comunidade. Talvez o mais bem conhecido exemplo dessa abordagem seja a experiência Foxfire. Em 1966, Eliot Wigginton e seus alunos da Rabun Gap-Nacoochee School, localizada no nordeste do Estado da Geórgia, tiveram a missão de entrevistar idosos da comunidade para descobrir o que sabiam sobre habilidades, tradições, experiências e história da cultura apalache, compartilhada por todos. O projeto deu surgimento a uma revista chamada Foxfire (nomeada com base em um brilho verde-azulado emitido pela bioluminescência de liquens que crescem em troncos caídos), e, mais tarde, a um livro, um filme, um museu e uma fundação que ainda opera para levar adiante essa espécie de abordagem de aprendizagem nas escolas norte-americanas (Wigginton, 1973). As crianças da escola Foxfire, de ensino fundamental, em Yonkers, Nova York, por exemplo, explora o rio Hudson e sua relação com a matemática e com a ciência. Os alunos saem em pesquisas de campo que lhes permitem trabalhar com artistas e com outros especialistas locais em sua atividade. Na escola Tolenas, no norte da Califórnia, situada em uma área do pântano de Suisun que continha uma vila de americanos nativos, os alunos aprendem sobre o ecossistema dos pântanos, sobre o trabalho de ferreiro (há uma loja para ferreiros perto da escola), e estudam a história local. A diretora Eva LaMar relata:

> Meu primeiro pensamento quando fui ao condado de Solano foi: "Que história há lá?". Mas assim que se começa a pesquisar e a falar com os historiadores locais, descobre-se algumas das histórias. Busque velhas trilhas. Olhe a geografia... Quantas minas já houve na sua terra? Para onde foram as pedras? Quais são os monumentos que há na área ou quais são os aspectos geológicos? Comece a aprender sobre a história [de sua área]. É muito fascinante. (Ball, 2003, p. 3)

Escolas Montessori

Embora a filosofia educacional de Maria Montessori seja mais freqüentemente associada à educação da primeira infância, a autora também estabeleceu os fundamentos para que seu método fosse usado com alunos mais velhos (ver, por exemplo, Montessori, 1984). No ensino fundamental, o método Montessori dá grande atenção ao fato de ajudar os alunos a aprender sobre como o mundo funciona. Eles exploram a natureza com binóculos, lentes de aumento e "localizadores" de insetos. Aprendem sobre outras culturas por meio da investigação de sua arquitetura, da música, das bandeiras e dos costumes. Usam materiais práticos para aprender sobre conceitos de álgebra, física, química, biologia e outras disciplinas que não são, em geral, estudadas antes do ensino médio na maior parte dos sistemas escolares. Estudam os grandes compositores e artistas do mundo, investigam sobre origami e caligrafia japonesa, montam quebra-cabeças geográficos e usam materiais manipulativos de autocorreção para aprender sobre tudo, desde mamíferos e lugares sagrados até o mundo espacial e fungos. Mas, ao contrário do currículo de Hirsch, no qual os professores executam planos de aula altamente dirigidos e em um curto intervalo de tempo, os alunos de ensino fundamental das escolas Montessori investigam o mundo sem controle ou coerção do professor. Escolhem as matérias que querem estudar e utilizam tanto tempo quanto for possível para adquirir as habilidades e os conhecimento sobre o mundo de que precisam. "Não usamos livros didáticos", diz Phillip Dosmann, diretor da Craig Montessori Elementary no distrito escolar de Milwaukee. "Passamos muito tempo preparando o ambiente para que os alunos aprendam a fazer boas escolhas sobre como utilizar seu tempo" (Carr, 2003, § 15). Atualmente, há uma estimativa de 250 escolas públicas que já adotaram o método Montessori nos Estados Unidos.

Parcerias escolares com os museus infantis

Os museus para crianças inserem os alunos em ambientes altamente estimulantes e interativos, envolvendo-os na aprendizagem de outras culturas, de ecologia, ciência, mecânica e de muitas outras matérias, sob a orientação de especialistas treinados para facilitar suas descobertas. O primeiro museu para crianças do mundo foi fundado em 1899 no Brooklyn, Nova York. Contudo, só a partir das décadas de 1960 e 1970 foi que os museus para crianças tornaram-se parte da paisagem urbana de muitas cidades.

Hoje há mais de 300 museus para crianças nos Estados Unidos. Cada vez mais estão formando alianças com escolas públicas de maneira que o currículo seja diretamente vinculado às exposições do museu. O programa Weaving Resources do Minnesota Children's Museum, por exemplo, oferece a todas as crianças da rede St. Paul, da pré-escola até a 2ª série, uma variedade de experiências educacionais em profundidade baseada nas exibições e nos programas do museu. Os alunos da 1ª série passam seis semanas estudando insetos com auxílio do *kit Insect Discovery* do museu e depois visitam uma exposição. Os alunos da 2ª série concentram-se em estudos sociais e têm a galeria One World do museu como foco para suas explorações (Association of Children's Museum, 2003). A Opal School, em Portland, Oregon, é uma escola independente (*charter*) do ensino público de Portland e segue o programa do Portland Children's Museum. Grupos ou indivíduos da Opal iniciaram projetos em conjunto com o museu, trabalho que resultou em questões sobre insetos, sobre escrita e em execução de um roteiro teatral, de leitura de poesia original em ambientes públicos e na elaboração de uma estação meteorológica. "Ninguém reprova os museus", disse Frank Oppenheimer, fundador do Exploratorium em San Francisco e orientador de programas em parceria com escolas públicas locais (conforme citado em Brandt, 1993, p. 6).

O psicólogo de Harvard, Howard Gardner, tem sido um forte defensor do uso de museus para crianças como modelo de aprendizagem para os alunos:

> Quando falo sobre museus para crianças, o que quero dizer é que as crianças não se desenvolveram para sentar-se imóveis durante 40 horas por semana, não podendo falar sobre ninguém mais, tendo de simplesmente ouvir palestras ou ler um texto e completar folhas de exercícios. Em um museu para crianças, elas têm a oportunidade de trabalhar com aspectos muito interessantes, em seu próprio ritmo, ou seja – para usar minhas palavras –, desenvolvendo os tipos de inteligência em que são hábeis. Se tiverem aprendido alguns conceitos na escola, poderão testá-los no próprio museu. Se o museu faz com que surjam questões que não possam responder, elas podem levá-las ou à escola ou aos pais ou à biblioteca de algum lugar. Fiquei realmente convencido do poder dos museus para crianças quando descobri que havia alguns garotos que ficavam sentados horas e horas na escola, e você nada poderia dizer sobre eles. Todavia, bastava levá-los a um museu (ou a um *exploratorium* ou museu de ciências) por um dia ou dois para conhecê-los de fato, para saber sobre como aprendem e, o que é importante, como resolvem problemas (1994).

Nos museus para crianças, estas aprendem como o mundo funciona por meio da exploração direta, de questionamentos abertos e de projetos práticos.

Nos Estados Unidos há milhares de outras escolas de ensino fundamental adotando métodos que envolvem as crianças em interações autênticas com o mundo real. Essas abordagens incluem:

Aprendizagem baseada em projetos. Os alunos concentram-se em um tópico específico e desenvolvem uma exibição, uma apresentação ou um produto que ilustre sua aprendizagem (por exemplo, um projeto de feira de ciências que aborda a poluição da água na comunidade) (ver, por exemplo, Blumenfeld et al., 1991).

Instrução temática integrada. Professores e alunos escolhem um tema (como as estações do ano, invenções, o bairro onde moram ou consciência ecológica) e, em conjunto criam um currículo (atividades, projetos e recursos) que explore o tema em profundidade (ver, por exemplo, Kovalik, 1993).

Estudos interdisciplinares. Os professores de diferentes áreas unem-se em equipe para desenvolver um currículo em torno de um objetivo central (por exemplo, "o ciclo da vida" pode ser abordado em termos de ciclos de história, o ciclo da vida de uma borboleta, como outras culturas ritualizam eventos significativos do ciclo da vida humana e o tema do ciclo da vida humana na literatura) (ver, por exemplo, Jones, Rasmussen e Moffitt, 1997).

Currículos de inteligências múltiplas. Os alunos fazem cursos em uma variedade de disciplinas que se encaixam em todas as oito inteligências nas atividades do mundo real (por exemplo, cursos sobre arquitetura, paisagismo, composição musical, yoga, coleções sobre rock ou trabalho editorial) (ver por exemplo, Armstrong, 2000b).

Salas de aula simuladas. Uma sala de aula inteira é transformada em um foguete espacial, em castelo medieval, floresta tropical ou em algum outro aspecto do mundo real, e os alunos envolvem-se em atividades preparadas para ensinar ciência, história, ecologia e outras disciplinas em tal contexto (Taylor e Walford, 1972).

Mesmo as atividades escolares tradicionais, como saídas de campo, dias dedicados a uma profissão e visitas a viveiros de animais, servem para trazer aspectos do mundo real para a escola. Cada escola, é claro, encontrará maneiras diferentes de superar a "lacuna de realidade" existente entre a escola e a vida. Contudo, o âmago desse esforço consiste em excluir práticas inadequadas (livros didáticos, folhas de exercícios, roteiros, repetições, etc.) e em buscar maneiras pelas quais as necessidades de desenvolvimento das crianças – que são famintas por interação com o mundo real – sejam atendidas de maneira significativa.

PARA ESTUDO FUTURO

1. Visite uma escola de ensino fundamental adepta a práticas acadêmicas (como instrução direta, o método de Hirsch (*Core knowledge*), livros didáticos) ou uso freqüente de testes. Depois, visite uma escola de ensino fundamental adepta a práticas de desenvolvimento tais como a MicroSociety, parcerias com museus, múltiplas inteligências ou educação baseada na comunidade. Compare as experiências. O que você notou sobre a atmosfera emocional de cada escola? Até que ponto houve entusiasmo genuíno pela aprendizagem em cada escola? Até que ponto você sentiu que os alunos estavam aprendendo sobre como o mundo funciona? Discuta suas observações com colegas que tenham visitado as mesmas escolas ou escolas similares.

2. Pense em suas próprias experiências no ensino fundamental. Lembre-se dos professores que, sob a perspectiva atual parecem, em primeiro lugar, ter adotado uma perspectiva de desenvolvimento humano em sua sala de aula e daqueles que, em primeiro lugar concentravam-se em resultados acadêmicos. Que professores você preferia? Quais professores parecem ter-lhe ensinado melhor? Como você sente a mudança no ambiente educacional da cultura contemporânea em comparação com o tempo em que você era um aluno do ensino fundamental no que diz respeito ao desenvolvimento humano e às realizações acadêmicas?

3. Observe as crianças do ensino fundamental envolvidas em experiências de aprendizagem formal e informal (dentro e fora da escola). Elas parecem interessadas em aprender como o mundo funciona? Se a resposta for afirmativa, que aspectos do mundo elas parecem estar mais interessadas em aprender? O ambiente em que estão sustenta ou não sua curiosidade acerca do mundo?

4. Descubra mais sobre as práticas de desenvolvimento adequado descritas neste capítulo (usando internet, leitura, visitas a escolas, desenvolvimento profissional, etc.). Melhore algum aspecto dessa prática em seu ambiente escolar de hoje se for adequado. Faça um registro do processo de implementação, incluindo as reações iniciais dos alunos, a qualidade de seu envolvimento (emocional, cognitiva e criativamente), e suas próprias avaliações das práticas algum tempo depois de sua implementação inicial.

5

Escolas de Ensino Fundamental (Séries Finais): Desenvolvimento Social, Emocional e Metacognitivo

Em julho de 1963, William Alexander, presidente do departamento de educação do George Peabody College, estava prestes a realizar uma conferência na Cornell University sobre os êxitos do movimento pelas séries finais do ensino fundamental quando seu vôo sofreu um atraso no aeroporto LaGuardia em Nova York. Por não ter nada a fazer enquanto esperava por seu vôo, ele revisou seu discurso e decidiu que precisava ser reescrito. Começando com a apresentação que havia planejado – uma conversa bastante tradicional sobre as séries finais do ensino fundamental –, ele usou as horas de que dispunha para escrever um novo discurso que conclamava por reformas substanciais na educação de jovens adolescentes. Criticando o formato das séries finais do ensino fundamental como sendo meramente uma versão "júnior" do ensino médio, Alexander sugeriu mudanças que levariam em consideração as necessidades de desenvolvimento do início da adolescência. O autor argumentava que deveria haver apenas uma instituição que daria conta de tais necessidades: uma escola "intermediária" entre o ensino fundamental e o médio. O discurso que Alexander acabou por realizar em Cornell foi o começo de um movimento pela escola intermediária nos Estados Unidos (Alexander, 1995). O número de escolas intermediárias – escolas para crianças de 11 a 15 anos – aumentou de 2.080 em 1970 para 10.944 em 1998 e para quase 12 mil em 2001 e 2002 (National Association of Elementary School Principals, 2004; Zepeda e Mayers, 2002).

A emergência do movimento pela escola intermediária nos anos de 1960 representou um marco na história do Discurso do Desenvolvimento Humano. Esse movimento reconheceu que os adolescentes não são apenas os alunos com mais idade do ensino fundamental ou alunos mais jovens do ensino médio, mas que há mudanças drásticas que ocorrem durante essa etapa da vida, requerendo uma abordagem diferente e única para a educação. Os educadores da escola intermediária entendem que o evento biológico da puberdade basicamente rompe com o desenvolvimento quase suave do ensino fundamental e tem profundo impacto sobre a vida cognitiva, social e emocional dos adolescentes. De acordo com esse *insight* importante, eles perceberam a necessidade de promover mudanças instrucionais, curriculares e administrativas especiais na maneira como a educação se dá para as crianças na puberdade. Entre essas mudanças estavam o estabelecimento de uma relação de conselheiro entre professor e aluno, a criação de pequenas comunidades de aprendizes e a implementação de um currículo interdisciplinar flexível estimulador da aprendizagem ativa e personalizada.

Infelizmente, o surgimento do Discurso de Resultados Acadêmicos ao longo dos últimos anos ameaça solapar essas reformas. Citando, entre outras coisas, resultados baixos em testes padronizados, um relatório da Rand Corporation desafiou a lógica de se manter escolas intermediárias em separado, observando que "a pesquisa sugere que o começo da puberdade é um motivo especialmente inconsistente para começar uma nova fase da vida escolar" (Juvonen, Le, Kaganoff, Augustine e Constant, 2004, p. 18-19). O relatório intitulado "Confusão no ensino intermediário", do Thomas B. Fordham Institute, com olhar crítico em relação às escolas intermediárias, definiu que o "intermediarismo" tem "uma abordagem relativa em termos de educação de crianças nas séries intermediárias (geralmente da 5ª a 8ª série), popularizada na segunda metade do século XX, levando a um rápido declínio nos resultados acadêmicos dos americanos na puberdade" (Yeche, 2005, p. i). Muitos distritos escolares grandes, incluindo os de Cincinnati, Cleveland, Minneapolis, Philadelphia, Memphis e Baltimore, estão agora em processo de reconfigurar suas escolas, afastando-se do modelo da escola intermediária e aproximando-se do modelo K-8 (pré-escola ao final do ensino fundamental) (Wallis, Miranda e Rubiner, 2005).

A aprovação da lei No Child Left Behind é, na verdade, parte da razão para o abandono da filosofia da escola intermediária nos últimos anos. "A grande questão é que a lei não leva em consideração as necessidades singulares das escolas intermediárias", observou Steven van Zandt, diretor da Aviara Oaks Middle School, em Carlsbad, California. "A lei não contempla nenhum tipo de necessidade de desenvolvimento dos alunos da escola intermediária" (Association of California School Administrators, 2003). A lei No Child Left Behind não é, em essência, voltada ao desenvolvimento de *todos* os níveis da educação. Ela exige, sem alterações, altos escores em testes ao longo dos 12 anos do currículo, sem considerar as mudanças de desenvolvimento em diferentes estágios da infância e da adolescência.

Este é um erro comprometedor. As escolas intermediárias ou algo muito próximo delas são necessárias para que se ofereça aos alunos no início da adolescência um ambiente que lhes facilite lidar com o impacto da puberdade em sua vida intelectual, social e emocional. Os educadores precisam compreender as necessidades de desenvolvimento dos jovens adolescentes e, em especial, seu crescimento neurológico, social, emocional e metacognitivo. Algumas dessas necessidades de desenvolvimento são ignoradas ou subvertidas por práticas educacionais inadequadas, como currículos fragmentados, escolas bastante impessoais e planos de aula sem vitalidade. As práticas das melhores escolas valorizam a singularidade do desenvolvimento dos jovens adolescentes, incluindo a provisão de um ambiente escolar seguro, a aprendizagem iniciada pelo aluno, os papéis desempenhados pelos alunos na tomada de decisões e modelos coesos desempenhados por adultos (ver lista completa na Figura 5.1).

Práticas de desenvolvimento inadequado	Práticas de desenvolvimento adequado
Ambiente escolar inseguro.	Ambiente escolar seguro.
Escolas grandes e impessoais.	Pequenas comunidades de aprendizagem.
Interações adultas impessoais.	Interações adultas pessoais.
Currículo fragmentado.	Aprendizagem participativa.
Modelos negativos ou ausência de modelos.	Modelos positivos.
Estratégias metacognitivas limitadas à matemática e à leitura.	Estratégias metacognitivas integradas em todas as disciplinas.
Nenhum programa artístico significativo	Atividades artísticas expressivas para todos os alunos.
Nenhum programa de saúde ou bem-estar significativos.	Foco na saúde e no bem-estar.
Experiências de aprendizagem emocionalmente desinteressantes.	Currículo emocionalmente significativo.
Ambiente de aprendizagem controlado pelo professor ou pelo administrador.	Papéis desempenhados pelos alunos na tomada de decisões.
As vozes dos alunos não são ouvidas ou respeitadas.	Respeito pela voz dos alunos.
Foco total na aprendizagem acadêmica, negando-se o desenvolvimento social e emocional.	Facilitação do crescimento social e emocional.

Figura 5.1 Práticas de desenvolvimento inadequado e práticas de desenvolvimento adequado na escola intermediária.

NECESSIDADES DE DESENVOLVIMENTO NO INÍCIO DA ADOLESCÊNCIA

Embora esteja claro que as crianças na puberdade (em média, na faixa de 10 anos e meio para as garotas e 11 e meio a 12 para os garotos) ainda estão distantes da procriação em nossa complexa sociedade contemporânea, no que diz respeito à natureza, elas estão prontas para gerar filhos a qualquer momento. Um dos mais importantes aspectos do início da adolescência, às vezes negligenciado pelos educadores, é que milhões de anos de evolução foram gastos para garantir que o sistema reprodutivo dos jovens adolescentes desenvolva-se normalmente e esteja em boas condições de funcionamento, de maneira que a espécie possa continuar a multiplicar-se. No que diz respeito à natureza, é o fato mais importante que pode acontecer em toda a vida de um organismo individual ou de uma espécie. Como conseqüência, quando nos voltamos ao tema dos jovens que entram na adolescência – com mudanças de temperamento, impulsividade, rebeldia, irritabilidade e outras complicações – devemos sempre ter em mente que as mudanças físicas, neurológicas e hormonais que dão surgimento a esses "problemas" na puberdade ocorrem porque o corpo, as emoções e a mente estão sendo preparados, em termos biológicos, para essa tarefa evolutiva incrivelmente complexa, delicada e importantíssima. Isso não torna o trabalho dos educadores nem um pouco mais fácil, mas, pelo menos, determina o contexto a fim de iniciar a abordagem da questão do entendimento do desenvolvimento da adolescência e de como melhor promover um ambiente educacional que ajudará os adolescentes a não gerar filhos, agressão ou situações patológicas, mas a gerar idéias criativas, projetos positivos e contribuições proativas à sociedade da qual estão se tornando parte.

Tendo dito isso, analisaremos as mudanças propriamente ditas. A puberdade ocorre quando um gene, ironicamente chamado KiSS-1, faz com que o hipotálamo secrete uma substância chamada hormônio liberador de gonadotrofina, estimulando a glândula pituitária a liberar duas formas de gonadotrofina: o hormônio de luteinização e o hormônio de estimulação de folículos. Essas substâncias químicas, por sua vez, liberam a produção de hormônios sexuais masculinos, como a testosterona, os quais promovem características do sexo masculino e iniciam a produção de esperma, e de hormônios do sexo feminino (estrogênio), os quais promovem as características sexuais femininas e começam o ciclo menstrual. Ao contrário da crença popular, não é tanto a influência de hormônios no corpo que se associa à turbulência emocional da puberdade, mas o impacto deles sobre o desenvolvimento do cérebro (Sisk e Foster, 2004). O impacto da testosterona na puberdade, por exemplo, incha um órgão em forma de amêndoa do sistema límbico (cérebro emocional), gerando sensações de medo e raiva (Giedd et al., 1996). Da mesma forma, o estrogênio parece afetar os níveis de serotonina na puberdade, sendo responsável por taxas mais altas de depressão entre as garotas adolescentes (Born, Shea e Steiner, 2002). Os hormônios gonadais em ambos os sexos podem ser responsáveis, ao menos em parte, pelo surgimento de matéria cinzenta nos lobos frontal, parietal e temporal do neocórtex um pouco antes da puberdade, seguido de um declínio posterior (Giedd et al., 1999). Ainda não se sabe se há uma relação entre esse pico pré-puberdade e o início do estágio cognitivo do pensamento operatório formal de Piaget, o qual começa quase no mesmo período (Flavell, 1963).

No entanto, de modo geral, o início da adolescência apresenta um quadro neurológico envolvendo um sistema *límbico* ou um cérebro emocional relativamente desenvolvido que coexiste com um córtex pré-frontal relativamente *subdesenvolvido*. O córtex pré-frontal é a parte do cérebro controlador das funções executoras, como a inibição de impulsos, reflexão e planejamento (Giedd, 2004). Em outras palavras, os aceleradores do cérebro dos adolescentes são pressionados a toda velocidade, ao passo que os freios ainda não foram instalados.

Na verdade, a maior necessidade na educação dos meninos recém-chegados à adolescência não é obter escores altos, mas aprender como direcionar aqueles impulsos emocionais que surgem para canais produtivos, aprendendo como transmutar a inclinação pela busca de um(a) companheiro(a) em relações sociais positivas e como mobilizar suas recém-desenvolvidas habilidades cognitivas a serviço da reflexão e do ajuste das transformações ocorridas em seus corpos e em suas mentes. Erik Erikson (1993) via a adolescência como uma época de formação de identidade. Bonecas, coleções de selos e o apreço conferido pelo professor não têm mais a mesma importância de antes. Em vez disso, em meio ao grande surgimento de neuropeptídeos, os recém-adolescentes lutam por descobrir quem, de fato, são. Fazem isso, de acordo com Erikson, essencialmente testando sua identidade provisória em comparação com a identidade de pessoas significativas de seu meio – grupos, gangues, namorados e namoradas, heróis e vilões – e percebendo o que funciona. Por conseguinte, a adolescência é um período social intenso, quando o anseio por pertencer a um grupo, pelo *status* social e pela intimidade emocional oferece um contexto no qual os adolescentes descobrem sua identidade. Se isso falhar, eles também correm o risco de cair no que Erikson chamou de *difusão de papéis* ou no desenvolvimento de uma identidade negativa, como a de "drogado", "membro de gangue", "promíscua", "traficante" ou, termo mais geral na cultura norte-americana, "perdedor".

Há milhares de anos as culturas conhecem os perigos e as promessas da puberdade e organizaram intervenções educacionais especiais para o período. Desenvolveram ritos de passagem como meio de mobilizar as mudanças intensas ocorridas durante a puberdade, de maneira que tais mudanças não se dêem uma forma desordenada, mas a serviço da comunidade onde os adolescentes estão entrando (ver Eliade, 1994; van Gennep, 1961). De acordo com nossos padrões modernos, esses ritos de passagem não estão à altura das exigências. Muitos deles eram brutais e mesmo fatais para quem não agüentava seu rigor. Os meninos podem ser colocados em um buraco e ficar lá sem alimentação durante dias ou então ter de envolver-se em outras provas de resistência. As garotas podem ficar isoladas em uma cabana durante semanas ou serem levadas até um ponto do oceano para nadarem de volta para casa. Apesar da natureza bizarra (para nossa sociedade contemporânea) de muitos desses ritos, temos ainda de apreciar a engenhosidade dessas culturas, por terem encontrado maneiras de transformar meninos e meninas em homens e mulheres maduros.

Uma das tragédias da vida contemporânea é que nenhum ritual de passagem completamente desenvolvido existe para conduzir os adolescentes da infância à idade adulta. Como resultado, muitos adolescentes criam seus próprios rituais, seja por meio de uso de drogas, entusiasmo por dirigir, sexo com risco, violência de gangues, bebedeiras, seja por outras atividades perigosas que servem para separá-los da infância, mas que não conseguem, infelizmente, incorporá-los à comunidade de adultos. Embora não se possa esperar que as escolas tenham total responsabilidade por esse papel vital de ajudar os adolescentes a fazer a passagem para a idade adulta, elas *devem, com certeza absoluta,* preparar suas práticas educacionais com tais considerações em mente. As escolas precisam encarar a realidade da puberdade e criar abordagens para a aprendizagem que envolvam as dimensões social, emocional e metacognitiva dos adolescentes, de modo que esses aspectos do *self* possam ter a permissão de, com o tempo, florescer até a maturidade plena.

PRÁTICAS DE DESENVOLVIMENTO INADEQUADO NA ESCOLA INTERMEDIÁRIA

Um dos maiores problemas com o recente abandono das escolas intermediárias por parte dos distritos escolares norte-americanos é que toda a filosofia da escola intermediária está sendo rejeitada como se fosse um experimento não-planejado. Quando se avalia o fracasso dessas escolas intermediárias, torna-se claro que a maior parte delas falhou porque não refletia, acima de tudo, as características das boas escolas. Eram, em geral, lugares grandes, superpopulosos, inseguros e impessoais chamados escolas intermediárias só por atenderem alunos das séries intermediárias.

Além disso, é inócua a idéia de que problemas do início da adolescência serão resolvidos simplesmente colocando a 7ª e a 8ª séries outra vez na escola de ensino fundamental. O perigo é o de que os adolescentes sejam "administrativamente realocados" sem as necessidades mais específicas serem atendidas. Outro problema que só aumenta a dificuldade de se investir em escolas intermediárias que atendam as reais necessidades do início da adolescência é o papel desempenhado pelo Discurso de Resultados Acadêmicos na aprovação de leis, como a No Child Left Behind. Entre 2003 e 2005, o número de escolas intermediárias identificadas como "necessitando melhorias" sob essa nova lei mais que duplicou. Em 2004-2005, 36% de todas as escolas intermediárias *Title I* foram selecionadas para melhorias (Center on Education Policy, 2005). Em resposta à NCLB, as escolas intermediárias privilegiaram o ensino acadêmico, diminuindo o tempo disponível para matérias eletivas. Em alguns casos, os períodos de atendimento psicológico aos alunos que necessitam conversar com professores ou conselheiros sobre suas questões pessoais e sobre suas preocupações escolares foram transformados em períodos de preparação para testes (Lounsbury e Vars, 2003). Essas tendências continuam a despersonalizar o ambiente escolar, justamente quando os alunos, mais do que nunca, precisam de um tratamento personalizado. Eis algumas práticas educacionais muito prejudiciais para os alunos das escolas intermediárias:

Escolas grandes e impessoais: conforme apontado, algumas culturas têm entendido intuitivamente a natureza precária da puberdade, elaborando ambientes planejados com cuidado, nos quais os aspectos conflituosos da puberdade podem ser navegados com tranqüilidade a fim de ajudar o adolescente a atravessar a ponte que leva à maturidade. Expor o aluno a um ambiente escolar grande e impessoal não demonstra haver muita consideração ou sensibilidade no que diz respeito a essa responsabilidade. "Escolas intermediárias grandes e boas são um oxímoro", escreveu Theodore Sizer, em seu livro *Horace's hipe*. "Os administradores que, em nome da eficiência, aglomeram centenas de pré-adolescentes desajeitados e freqüentemente assustados em grandes prédios e esquecem o que uma multidão pode significar para uma pessoa de 11 anos, sobretudo se a maior parte das pessoas, tanto garotos quanto adultos, forem totalmente estranhos e falarem uma língua diferente. Eficiência, perguntamo-nos, de que tipo e para quem?" (Sizer, 1997a, p. 30). As escolas intermediárias grandes têm, muitas vezes, mais professores substitutos do que as de tamanho médio, o que agrava o ambiente impessoal (Texas Center for Educational Research, 2001). Além disso, os professores das grandes escolas intermediárias talvez não trabalhem cooperativamente, nem usem abordagens inovadoras de ensino ou personalizem o ensino para atender as necessidades dos alunos (Wasley et al., 2000).

Ambiente escolar inseguro. Entrar na puberdade já é difícil o bastante sem que se tenha de suportar os ambientes escolares que ameaçam os jovens adolescentes com *bullying*, apelidos, drogas e violência. Essas experiências negativas são venenos que interagem insidiosamente com a delicada condição neurológica e emocional de quem ingressa na adolescência, ameaçando criar padrões negativos de comportamento que os perseguirão pelo resto da vida. De fundamental importância na construção de um bom ambiente escolar é a eliminação desse tipo de influência negativa e a provisão de um ambiente escolar seguro e protegido no qual os adolescentes tenham chance de se desenvolver. Um estudo de uma escola do centro-oeste norte-americano revelou que 80% dos alunos admitiram envolver-se em agressão física, ridicularização, provocações, apelidos e ameaças nos últimos 30 dias (CNN, 1999). Oitenta e sete por cento das escolas intermediárias relatam pelo menos uma incidência *séria* de violência em 2002 (National Center for Education Statistics, 2003).

Currículo fragmentado. Um dos problemas resultantes da ênfase no currículo e nas habilidades na escola intermediária é a exigência de que os alunos atendam centenas de padrões que acabam por afogá-los em um mar de papéis e tarefas sem sentido. Um estudo realizado com diretores de escolas texanas notou que 88% dos diretores disseram que "quase todos" os professores incorporaram o TEKS, Texas Essential Knowledge and Skills, em seus planos de aula (Texas Center for Educational Research, 2001).

Conforme o relatório *Turning Points 2000: Educating Adolescents in the 21st Century*.

> Uma reclamação comum refere-se aos muitos padrões que alguns Estados e distritos escolares exigem tornando impossível para a escola dar conta de todos. Considerados coletivamente, esses padrões para as disciplinas ou mesmo para uma só disciplina podem demandar mais tempo de ensino, aprendizagem e avaliação do que qualquer escola poderia oferecer. As preocupações dos professores e dos administradores em termos de "cobrir" tudo o que os padrões exigem vinculam-se, em geral, diretamente à preocupação (ou medo) de que sejam considerados responsáveis por "um pouco de tudo". Cobrir quer dizer tocar em muitos tópicos ou fatos de maneira superficial (isto é, como nos livros didáticos norte-americanos). Em um teste relativo a uma variedade de assuntos, os alunos são bastante pressionados a lembrar-se de fatos apresentados isoladamente, carentes de significado ou conexão, e os professores são considerados responsáveis pelo desempenho inevitavelmente variável ao extremo. (Jackson e Davis, 2000, § 9)

Além disso, os livros didáticos são, com freqüência, imprecisos, idealistas ou incompletos na forma como lidam com matemática, ciência, história, literatura e outras disciplinas (ver, por exemplo, Loewen, 1996). Sem rumo em um mar de conteúdos irrelevantes, os adolescentes não recebem a oportunidade de envolver-se em aventuras de aprendizagem focadas que irão levá-los a desenvolver suas identidades, a aguçar suas mentes metacognitivas e a canalizar sua grande energia.

Experiências de aprendizagem emocionalmente desinteressantes. Os indivíduos no início da adolescência são especialmente sensíveis à presença ou ausência de *emoção* em suas experiências de sala de aula. Ao exigir que aprendam com aulas aulas expositivas, livros didáticos, trabalhos escritos e testes, sua motivação provavelmente desaparecerá. Ainda assim, como foi dito anteriormente, a NCLB e outras pressões para que tudo esteja de acordo com o Discurso de Resultados Acadêmicos estão tornando esse tipo de ambiente muito mais comum nas escolas.

Em um estudo sobre a percepção dos alunos das escolas intermediárias acerca das experiências de aprendizagem, a maior parte dos alunos relatou que a aprendizagem ativa motivou-os muito mais do que aulas expositivas, apresentação de lâminas ou leitura de livros didáticos. Um aluno, por exemplo, relatou seus sentimentos quando o professor diz algo como "abram seus livros na página 189": "Bem, sinto que, quando estou trabalhando em um grupo e não em livros didáticos é que aprendo mais –

porque os livros didáticos... – algumas pessoas não os acompanham. Colocam as coisas em palavras de um modo que você, de fato, não entende" (§ 14). Outro aluno respondeu o seguinte a uma apresentação de lâminas: "Dificilmente tínhamos o que fazer. Só despejavam em nós toda a informação sob a forma de palestras. Você vem até aqui e não faz trabalho nenhum. Apenas se senta, e algumas pessoas vão dizer: "Ah, é uma aula bem fácil". Sim, é fácil porque é muito chata" (Bishop e Pflaum, 2005, § 18). Essas não são as experiências de aprendizagem a serem dadas a um aluno cujo sistema biológico lhe grita: "é hora de mexer-se pelo mundo!".

AS MELHORES ESCOLAS INTERMEDIÁRIAS: EXEMPLOS DE PRÁTICAS EDUCACIONAIS DE DESENVOLVIMENTO ADEQUADO

O que sabemos sobre o início da adolescência e sobre o crescimento intelectual, emocional, social e neurológico dos adolescentes nos dá uma diretriz sólida para estruturar boas escolas intermediárias. De grande importância nesse esforço pela mudança é o uso do Discurso do Desenvolvimento Humano, e não do Discurso de Resultados Acadêmicos, no desenvolvimento de métodos, estratégias, programas e ambientes para os adolescentes. Enquanto os educadores destinarem sua atenção a altos escores em testes, padrões rígidos e conteúdos acadêmicos pesados como solução para os problemas da escola intermediária, estarão na realidade, sem preparo para ajudar os adolescentes na transição para a maturidade. O que apresento a seguir é uma lista de 12 características fundamentais que devem ser parte de qualquer plano autêntico e adequado ao desenvolvimento para a reforma das escolas intermediárias.

Ambiente escolar seguro

O fator principal no atendimento das necessidades dos jovens adolescentes na escola é um ambiente escolar seguro. Como sabiamente observou Abraham Maslow (1987), as pessoas estão lutando para ir ao encontro de suas necessidades básicas e de segurança, não sobrando energia para buscar outras necessidades, como amor, pertencimento, estima e atualização. Políticas de tolerância zero não são a solução para tornar as escolas seguras, já que podem funcionar em curto prazo pela suspensão de quem causa desordem, mas os problemas subjacentes da violência continuam intocados (The Civil Rights Project at Harvard University, 2000).

Em vez disso, as escolas precisam intervir positivamente na raiz da dificuldade, incluindo programas de prevenção do *bullying*, resolução de conflitos, educação do caráter, consciência relativa a gangues, aconselhamento para abuso de drogas e álcool, tribunais estudantis, mediação entre pares e controle da raiva. Na Lewis Middle School, em Paso Robles, Califórnia, os alunos ensinam as crianças menores, são mediadores de conflitos e interagem com os alunos da 6ª série com dificuldades para fazer a transição entre escola fundamental e intermediária. "Os alunos, em geral, identificam os problemas antes dos adultos", disse o diretor Richard Oyler (Wilson, 2005). Os alunos dão ênfase ao "valor do mês" na Sparrows Point Middle School, de Baltimore. Durante o mês, eles se envolvem com planos de aula, ouvem convidados e estudam materiais relativos a valores como responsabilidade, respeito, tolerância, compaixão ou honestidade. Associações internas da escola, como Students Against Destructive Decisions (Alunos contra decisões destrutivas) e Future Educators of America (Futuros educadores da América) incorporaram os valores do mês em seus projetos, e a escola envolveu-se em uma campanha que angaria fundos para causas justas. Nos últimos dois anos, a escola presenciou uma forte queda nas suspensões e um aumento da presença dos alunos na aula, além de um maior número de alunos laureados (Ruddle, 2005). Pelo fato de trabalhar para resolver as causas subjacentes da violência, as escolas intermediárias podem garantir que os alunos não só aprendam em um ambiente seguro, mas que também se tornem participantes proativos da sociedade.

Pequenas comunidades de aprendizagem

Muitas pesquisas sustentam – e exigem – a implementação de pequenos ambientes escolares no nível intermediário. As escolas pequenas têm menor incidência de roubo, agressões e vandalismo do que as escolas maiores (Devoe et al., 2002). Também apresentam taxas mais baixas de desistência e níveis mais elevados de motivação e de sucesso na aprendizagem (Cotton, 2001). Oferecem aos alunos um abrigo contra a tempestade, por assim dizer, que os capacita a focalizar a aprendizagem e tornarem-se melhores alunos.

Os reformadores da escola Thomas Sergiovanni e Deborah Meier recomendam não mais do que 300 alunos por escola, mas outros acreditam que escolas intermediárias com até 700 alunos podem manter uma ambiente escolar pequeno (Molnar, 2002). O projeto Talent Development Middle Schools, da Johns Hopkins University, focaliza o estabelecimento de comunidades de aprendizagem de 200 a 300 alunos, com dois ou três professores responsáveis por não mais do que 100 alunos (Herlihy e Kemple, 2004). Ter um grande *campus*, não é impedimento para se criar comunidades pequenas. A Creekland Middle School em Lawrenceville, Georgia, tem quase 3 mil alunos, mas está estruturada em cinco comunidades, cada uma com seu quadro administrativo próprio. Os alunos são designados para uma comunidade na 6ª série, onde permanecem até o ensino médio. Os professores trabalham em duplas, de maneira que conheçam melhor os alunos (Jacobsen, 2000). Por meio de estratégias administrativas e de captação de recursos criativas, qualquer ambiente de escola intermediária pode ser estruturado de acordo com um *ethos* do tipo "pequeno é bom".

Relações pessoais dos adultos

Crescer no século XXI é uma árdua tarefa para muitas crianças com pouco contato até mesmo com seus pais. De acordo com o pesquisador Mihaly Csikszentmihalyi (2000, p. 46): "Na maior parte do tempo, os adolescentes ou estão sozinhos (26%) ou estão com amigos (34%) e colegas (19%). Muito pouco tempo passam na companhia de adultos. O adolescente americano típico passa apenas 5 minutos por dia com seu pai – o que não é sequer o suficiente para transmitir a sabedoria e os valores mínimos para a continuidade de uma sociedade civil". As escolas intermediárias e do ensino médio, com períodos de 50 minutos aproximadamente para cada professor, só tornam o problema pior.

Por outro lado, oferecer ao aluno um professor conselheiro, monitor, consultor ou guia talvez seja um meio de alguns adolescentes sentirem-se seguros, confiantes e encontrarem um propósito em sua aprendizagem. Exemplos positivos de escolas intermediárias são as que designam alunos para acolher professores ou professores conselheiros que os acompanham durante toda a jornada pelas séries intermediárias. Na escola Abraham Lincoln Middle School em Gainesville, Flórida, os conselheiros acompanham de 18 a 22 alunos durante os três anos dessa etapa. Os conselheiros monitoram seus trabalhos, atuam como defensores dos alunos e começam o dia com rituais que incluem um espaço para os alunos manifestarem suas opiniões (Doda, 2002). As boas escolas intermediárias usam o *looping*, um procedimento que mantém os alunos com um ou mais professores durante um período de dois ou mais anos. "Os seres humanos necessitam de relações significativas, especialmente quando estão em grandes períodos de desenvolvimento", disse John H. Lounsbury, reitor emérito da School of Education at Georgia College e da State University. "Muitos dos objetivos importantes da educação não podem ser efetivamente alcançados em uma relação curta" (Ullman, 2005, § 2).

Aprendizagem engajada

Uma observação constante a respeito dos alunos que estão ingressando na adolescência é sua motivação cada vez menor por aprender quando comparados aos alunos da escola fundamental. Isso tem sido em geral atribuído às mudanças fisiológicas e emocionais características dessa faixa etária. Contudo, talvez seja mais correto avaliar que é a qualidade do ambiente de aprendizagem que, em grande parte, determina se os alunos irão se envolver com seus estudos (Anderman e Midgley, 1998). Se um aluno faz parte de um sistema de ensino impessoal, onde se diz a ele exatamente o que aprender, ler, estudar e memorizar, é provável que não fique motivado. Por outro lado, se o aluno tem um papel significativo na definição dos tipos de experiência de aprendizagem que terá, o surgimento das energias da adolescência, com certeza, vão alimentar a motivação por aprender. Os alunos da 7ª série da Helen King Middle School, em Portland, produziram um *cd-rom* sobre as espécies de animais ameaçadas do Estado de Maine. Na Harry Hurt Middle School, em Destrehan, Louisiana, os alunos fazem parte de um programa chamado Wetland Watcher, o qual envolve monitoramento da qualidade da água, plantio de árvores visando impedir a erosão costeira e educação sobre a importância de cuidar do ambiente (Ball, 2004). Os alunos da Martin Luther King Jr. Middle School, em Berkeley, Califórnia, preparam seus almoços com o que plantam em hortas orgânicas (Furger, 2004a). Em cada um desses casos, os alunos estão envolvidos diretamente com objetivos da vida real, e não com planos de aulas artificiais pouco ou nada relevantes para suas vidas.

Modelos positivos

Talvez o elemento crucial nos ritos de passagem antigos tenha sido a presença de indivíduos maduros como suporte aos adolescentes na transição para que se tornassem integrantes da sociedade. Conforme já dito, esse fator está, em geral, ausente das vidas de nossos adolescentes. As escolas intermediárias precisam ser lugares onde o aluno tenha contato com pessoas mais velhas as quais, por sua vez, tenham uma vida estável e sejam seres humanos autênticos. Há muitos programas da escola intermediária em que esse fator é importante. A Eyes of the Future, por exemplo, é um programa patrocinado por uma fundação – a National Science Foundation – que coloca alunos da 7ª e 8ª séries lado a lado com garotas do ensino médio e monitoras que trabalham com ciências, matemática e tecnologia. O curso Math Understanding through the Science of Life reúne alunos de engenharia da Duke University e alunos da escola intermediária para estudar larvas no microscópio, prever o tempo e idealizar outros projetos que aplicam a matemática ao mundo real (Dickinson, 2001). Há muitas outras maneiras pelas quais as escolas intermediárias viabilizam a exposição de seus alunos a modelos positivos. Os pais voluntários podem oferecer seus serviços como especialistas em determinadas áreas. Especialistas de fora da escola podem participar, compartilhando suas descobertas com os alunos. A escola pode oferecer um programa de modelos positivos no currículo para estudar a vida de indivíduos famosos que superaram adversidades ou de indivíduos de sucesso que dêem depoimentos aos alunos em relação à sua superação. O Role Model Program, em San Jose, Califórnia, por exemplo, traz líderes da esfera pública e da comunidade para as salas de aula da Santa Clara para estimular escolhas positivas e a realização educacional. Dessa e de outras formas, os educadores da escola intermediária contra-atacam muitas influências negativas que os adolescentes recebem de heróis duvidosos da mídia, de celebrados líderes de gangue e de outros indivíduos que nunca chegaram à maturidade.

Estratégias metacognitivas

Os alunos que entram no conturbado período da adolescência enfrentam uma grande mudança na capacidade de pensar. Eles estão entrando no estágio formal e operatório do desenvolvimento cognitivo. Nessa fase, pela primeira vez, podem pensar sobre o próprio pensar, posicionar-se em relação aos fatos, olhar para si e refletir sobre como estão agindo. Essa capacidade é um recurso importante para os adolescentes, que já estão com o pé no acelerador antes de os freios estarem totalmente instalados. Em vez de agir por impulso, a mente pode ser treinada para observar o que está acontecendo visando tomar medidas adequadas. Os educadores tipicamente imersos no Discurso de Resultados Acadêmicos aproveitam-se das operações formais da adolescência como uma justificativa para ensinar álgebra aos alunos das séries intermediárias, o que é uma grande simplificação desse importante recurso da mente.

Deve-se ajudar os alunos a desenvolver sua nova forma de raciocinar a fim de aprender habilidades de estudo, refletir sobre o currículo, explorar a natureza dos conflitos na vida e estabelecer objetivos realistas. Na Knotty Oak Middle School, em Coventry, Kentucky, os alunos aprendem como desvelar qualquer texto por meio de um contato com o que já sabem sobre o tópico, lendo o texto e buscando informações nele a partir das quais possam tirar conclusões específicas. "Aprender é um processo", diz a chefe de departamento de inglês Constance Tundis. "Digo aos alunos que quero que se dediquem ao que estão fazendo. Quero ver cinco marcas no exercício porque isso indica que se está pensando cinco vezes mais rápido. Tudo diz respeito a fazer perguntas, e não só buscar respostas. Se eles souberem o que atacar, o que buscar, como interagir, encontrarão as respostas certas." (Steiny, 2005, § 17). O Harvard Project Zero's Practical Intelligence for School preparou materiais para orientar os alunos das escolas intermediárias na criação de suas próprias abordagens para estudo, planejamento, reflexão e o modo como lidam com as muitas exigências da escola (Blythe, White e Gardner, 1995; Williams, Blythe, White et al., 1996). Da mesma forma, no que diz respeito à resolução de conflitos, é possível ajudar os alunos a ver a situação distanciando-se o suficiente para enxergar as dificuldades sociais ou emocionais em que se encontram e para buscar soluções positivas para resolvê-las.

Atividades de expressividade artística

Dado todo o tumulto emocional e físico entre os adolescentes, é de se perguntar por que não se tem dado mais atenção à expressividade artística no nível intermediário. A arte deveria ser um componente fundamental de qualquer plano de ensino para tal nível, pois dá oportunidade para que os adolescentes se expressem em um ambiente em que *não há julgamento*, em áreas como escultura, pintura, teatro, música e dança. É virtualmente impossível ser reprovado na expressividade artística, e nesse sentido, os alunos podem sublimar energias sexuais, canalizar impulsos violentos, resolver conflitos emocionais e construir um sentido mais profundo de identidade. Essas são tarefas fundamentais de desenvolvimento na adolescência.

Na Clarkson School of Discovery, uma escola pública intermediária de destaque localizada em Bladen County na Carolina do Norte, os alunos lêem literatura infantil e depois desenvolvem os personagens por meio da criatividade. Também constroem seus "legados" ou livros que queiram guardar para o resto da vida, usando fotografias, arte e linguagem. Na Hand Middle School, em Columbia, Carolina do Sul, os alunos escrevem poemas durante a celebração do movimento Harlem Renaissance (Stevenson e Deasy, 2005). Os alunos recém-chegados à adolescência devem ter a oportunidade de realizar alguma atividade artística *todos os dias*, seja ela integrada ao currículo regular, como as atividades antes citadas, seja algo livre. Quando os adolescentes escrevem poemas, trabalham com argila, desenham, pintam, dançam e cantam, estão envolvidos de maneira criativa no ato de formarem-se como indivíduos autônomos. O benefício para a sociedade não poderia ser maior.

Foco na saúde e no bem-estar

Pelo fato de os corpos dos alunos mudarem durante a puberdade, alguém precisa ajudá-los a entender o que está acontecendo. Uma pesquisa de opinião pública realizada pela National Public Radio, pela Kaiser Family Foundation e pela Harvard's Kennedy School of Government indica que apenas 7% dos americanos dizem que a educação sexual não deveria estar no currículo escolar (Henry J. Kaiser Family Foundation, 2004). A educação sexual deve ser apenas parte de um esforço maior visando informar os adolescentes sobre questões relevantes, tais como abuso de substâncias, depressão, transtornos alimentares e outros problemas que podem começar nesse estágio de desenvolvimento. Além disso, tudo deve ser feito em um contexto que enfatiza como se manter saudável, em vez de enfatizar como evitar as doenças. Na Madison Junior High, em Naperville, Illinois, os alunos usam monitores cardíacos durante suas corridas semanais de 12 minutos e dispõem de um amplo local monitorado por computador para a realização de exercícios em que se mede tudo, desde a força e a flexibilidade do aluno até níveis de colesterol (Furger, 2001). Os cursos sobre saúde nas escolas intermediárias do distrito escolar Parsipanny-Troy, em New Jersey, cobrem tudo, de controle do estresse e doenças sexualmente transmissíveis até abuso de substâncias, gravidez e nascimento. Não evitando temas delicados críticos para a vida dos adolescentes, os educadores das escolas intermediárias podem mostrar que estão de fato afinados com a vida de seus alunos.

Currículo emocionalmente significativo

Considerando que o sistema límbico ou "cérebro emocional" está bastante ativo durante o início da adolescência, parece claro que o currículo precisa ser construído a partir de assuntos e temas com conteúdo emocional de uma maneira que prenda a atenção dos alunos. Ainda assim, como se observou, boa parte do currículo das escolas intermediárias baseia-se em livros didáticos (leia-se: é entediante) e está alinhado a padrões que podem parecer bons aos políticos que os transformaram em leis, mas que estão, na verdade, muito distantes de alcançar o mundo real e vivo dos adolescentes.

Escolas intermediárias de boa qualidade ensinam história, estudos sociais, literatura, ciências e mesmo matemática de maneira impactante para a vida emocional dos adolescentes. Na Benjamin Franklin Middle School, em Ridgewood, New Jersey, por exemplo, os alunos lêem sobre o gueto de Varsóvia e depois discutem como poderiam combater injustiças presentes em suas próprias vidas. Em outra aula, os alunos refletem em seus diários sobre como deve ser criar um filho (Curtis, 2001a). Os alunos de ciências da Central Middle School, em Quincy, Massachusetts, estudam genética por meio de árvores genealógicas e pelo exame do surgimento de traços característicos, como, por exemplo, a habilidade musical, em sua genealogia (Harvard Project Zero, 2006).

Qualquer que seja a lição, os professores devem sempre tentar conectá-la de alguma forma aos sentimentos, às memórias ou às associações pessoais feitas pelos alunos. Uma estratégia simples seria pedir aos alunos que "pensassem em uma época de sua vida em que...". Se o assunto for a Revolução Americana, os alunos poderiam pensar em exemplos de revolução em suas próprias vidas. Se o tópico for o problema de um personagem de um romance, os alunos poderiam pensar em problemas similares enfrentados no passado. Toda vez que os professores relacionam o currículo aos sistemas límbicos dos adolescentes e depois tais emoções a reflexões cognitivas ("De que outra maneira você lidaria com o problema?"), estão ensinado de maneira adequada ao desenvolvimento para esse nível.

Os papéis dos alunos na tomada de decisões

Embora a aprendizagem centrada no aluno seja um componente importante das escolas intermediárias de qualidade, os alunos devem ter também um papel mais amplo a desempenhar na escola. Devem envolver-se na manutenção da disciplina, organizar assembléias ou eventos especiais e oferecer um retorno significativo sobre as matérias estudadas, sobre o ambiente escolar e sobre outros aspectos da administração da escola. Devem ainda ter a oportunidade de expressar suas idéias e seus sentimentos em um contexto democrático na sala de aula. Parece-me bastante estranho esperarmos que os alunos aprendam sobre democracia em ambientes escolares muito freqüentemente administrados como se fossem ditaduras! Os alunos da Webb Middle School, de Austin, Texas, participam de decisões compartilhadas por meio de reuniões de turma. Em uma reunião, por exemplo, um aluno falou acerca de sua preocupação sobre a segurança nos corredores e sugeriu que houvesse um sistema de monitoramento, o qual foi aceito por seus colegas e implementado como política da escola (Appelsies e Fairbanks, 1997). A Talent Middle School, em Talent, Oregon, realizou conferências entre os pais e os professores (Kinney e Munroe, 2001). Em Olympia, Washington, os alunos das escolas intermediárias auxiliam professores estagiários de uma faculdade local no uso de ferramentas de alta tecnologia (Armstrong, 2001). Em cada um desses casos, os adolescentes estão sendo capacitados precisamente em uma idade na qual o imperativo biológico é exigir reconhecimento.

Valorizando e respeitando as vozes dos alunos

Uma manifestação mais profunda do ato de conferir papéis significativos aos alunos na tomada de decisões na escola é o respeito que é necessário dar a suas vozes. Talvez isto seja o mais importante que os educadores do nível intermediário possam fazer por seus alunos: ajudá-los a encontrar sua verdadeira voz. Os alunos dessa faixa etária estão lutando com uma miríade de vozes interiores advindas de colegas, de turmas, da mídia e de outras fontes e, em meio a tudo, têm de enfrentar o desafio de escolher entre essa miscelânea de opções a sua identidade única e singular – sua verdadeira voz.

Os professores das escolas intermediárias deveriam dar suporte aos alunos visando desenvolver vozes individuais por meio de poesia, escrita de diários e outras atividades significativas referentes ao ato de escrever. Na Broad Meadows Middle School, em Quincy, Massachusetts, os alunos participam de um programa chamado *Writing Wrongs*. Em vez de escrever imitações de cartas comerciais retiradas de um livro didático, os alunos escrevem cartas de verdade a pessoas reais com o intuito de resolver problemas reais. Uma carta persuadiu o prefeito a adotar o programa de limpeza "adote um bairro" dos próprios alunos. Outros alunos escreveram cartas para políticos e empresários sobre trabalho infantil no Terceiro Mundo e, como resultado, realizaram um juramento perante o ministério do trabalho, discursaram para alunos pós-graduados de Harvard e levantaram US$ 147.000,00 para construir uma escola no Paquistão para crianças vítimas de trabalho escravo (Adams, 2001). Como os adolescentes puderam perceber que suas vozes estavam sendo ouvidas e reconhecidas, adquiriram maior confiança e um sentido de identidade que os manterá em uma posição adequada a fim de enfrentar os desafios do futuro.

Facilitando o crescimento social e emocional

O Discurso de Resultados Acadêmicos coloca o crescimento social e emocional em segundo plano, enquanto realiza seu trabalho de atender parâmetros e de alcançar resultados cada vez mais elevados nos testes. Os educadores que fazem isso causam um grande perigo para a sociedade. As boas escolas intermediárias ajudam os alunos a desenvolver sua inteligência emocional e suas inteligências intra e interpessoal (Gardner, 1993; Goleman, 1997). Usam a aprendizagem cooperativa como forma de incentivar relações sociais positivas. Possuem conselheiros bem-treinados e mantém uma boa rede de contatos com profissionais da área da saúde mental para os alunos que precisam de ajuda especial devido a problemas emocionais. Os alunos realizam atividades relacionadas ao currículo, as quais servem para desenvolver sua inteligência social e emocional.

Na Webb Middle School, em Austin, Texas, os alunos criam gráficos ou autobiografias visuais que retratam os altos e baixos de suas vidas, incluindo viagens, acidentes, eventos familiares e outros acontecimentos significativos. Eles então escolhem um dos eventos do gráfico para escrever uma narrativa, por exemplo, "como aprendi a jogar basquete", "uma viagem para o México" ou "ser ridicularizado pelos colegas". Também criam caixas de identidade com fotos, lembranças, poemas e outras coisas importantes; depois gravam em vídeo a apresentação feita dessas caixas aos colegas (Appelsies e Fairbanks, 1997). Na Walden III Middle School, em Racine, Wisconsin, os alunos têm uma experiência de ritual de passagem que envolve a apresentação de provas de competência em 16 áreas, incluindo inglês, matemática, ética e um desafio de ordem física, para um grupo de professores, colegas e membros da comunidade (George Lucas Educational Foundation, 1997). Por dar fundamental atenção ao desenvolvimento da aprendizagem social e emocional na escola intermediária, os educadores propiciam aos alunos as ferramentas sociais de que necessitam para atuar com competência na sociedade em que estão inseridos.

Um número exagerado de educadores acredita que o período do início da adolescência ou é um período para colocar os alunos em forma para os rigores acadêmicos do ensino médio ou é um período para a paciente (e dolorosa) tolerância enquanto eles passam pelo tortuoso processo de crescimento. Não é nenhum dos dois. Há uma grande área intermediária entre esses dois extremos que deve ser o foco de atenção para aqueles que desejam lidar com a realidade dos adolescentes. Os adolescentes têm uma vida rica e intensa. Exigir que eles deixem essa vida do lado de fora da escola é cometer uma séria injustiça para com eles, além de impedir que a sociedade tenha acesso a tudo o que eles têm a oferecer. Ao incluir a vida apaixonada do adolescente e ao usar sua energia para revitalizar a sala de aula, os educadores garantirão que essas jovens e vibrantes vozes cantem suas esperanças, seus medos, suas alegrias e suas tristezas de uma maneira benéfica não só a eles mesmos, mas a toda sociedade.

PARA ESTUDO FUTURO

1. Visite uma escola intermediária que utilize alguma das práticas adequadas ao desenvolvimento descritas neste capítulo. Depois, visite uma escola intermediária que siga algumas das práticas de desenvol-

vimento inadequadas examinadas neste mesmo capítulo. Compare suas experiências. Qual foi o tom emocional de cada escola? Onde os alunos pareciam estar aprendendo mais? Onde pareciam estar mais envolvidos no processo de aprendizagem? Discuta suas reflexões com colegas que tenham visitado as mesmas escolas ou escolas similares.

2. Pense no período inicial de sua adolescência. Quais eram suas esperanças, seus medos, suas alegrias e seus sonhos? Quais eram os problemas principais nessa época de sua vida? O que era a escola para você? Você se lembra de algum professor especialmente incentivador ou não-incentivador? Que matérias, atividades e experiências de aprendizagem você se lembra de ter mais gostado (e as de que menos gostou) na escola? Escreva suas lembranças à medida que chegam a você. Compartilhe-as com um colega (ou grupo de colegas) que tenha passado pelo mesmo processo. Discuta sobre o que mudou a respeito de ser adolescente.

3. Observe meninos e meninas que há pouco entraram na adolescência em atividades de aprendizagem formal e informal, dentro e fora da escola. Que tipo de inferências você pode fazer sobre sua vida emocional, social e criativa com base nos comportamentos que observa? Como o ambiente em que eles estão sustenta ou não suas necessidades de desenvolvimento?

4. Pergunte a, pelo menos, cinco adolescentes entre 11 e 15 anos o que pensam da escola. Pergunte a eles qual é a matéria de que mais gostam e a de que menos gostam. Pergunte-lhes sobre seus professores favoritos e sobre os de que menos gostam (faça isso em uma escola em que você não seja professor). Se eles não gostam da experiência escolar, pergunte-lhes sobre o tipo de mudança que gostariam de ver implementadas para tornar a situação mais satisfatória na escola.

5. Na sua opinião, quais práticas de desenvolvimento adequado para quem está ingressando na adolescência descritas neste capítulo são as mais importantes? Que outras práticas você acrescentaria? Quais práticas parecem estar mais ausentes nas escolas intermediárias de sua área? Dê seu apoio ao desenvolvimento e à implementação de uma ou mais dessas práticas em sua comunidade.

6

Escolas de Ensino Médio: Preparação dos Alunos para a Vida Independente no Mundo

Em 26 de fevereiro de 2005, Bill Gates, fundador da Microsoft e uma das pessoas mais ricas do planeta, dirigiu-se a governadores, executivos e lideranças da educação no National Education Summit on High Schools, ocorrido em Washington, D.C. Em seu discurso, chamou a escola de ensino médio americana de obsoleta e lamentou a falta de preparação da maior parte dos alunos já formados no ensino médio para ingressarem na faculdade e no mercado de trabalho no século XXI. Recomendou que a escola de ensino médio fosse reformulada para que todos os alunos que a concluíssem estivessem prontos para a faculdade. Bill Gates observou o seguinte: "Temos uma das mais altas taxas de desistência do mundo industrializado. Muitos dos que concluem o ensino médio não vão para a faculdade. E muitos dos que vão não estão bem preparados – e acabam desistindo. Esta é uma razão pela qual a taxa de desistência nas faculdades dos Estados Unidos é também uma das mais altas do mundo industrializado" (Gates, 2005). Há uma certa ironia em seus comentários. Ele próprio desistiu da faculdade.

Bill Gates saiu de Harvard em 1975 para fundar a Microsoft, e o resto, como se diz, já virou história. Mas a história não acaba aqui. A lista de bilionários que desistiu da universidade é espantosa, incluindo Paul Allen (Microsoft), Michael Dell (Dell Computers), Larry Ellison (Oracle), Steve Jobs (Apple, Pixar) e Richard Branson (Virgin Records), que sequer freqüentou a faculdade (Dukcevich, 2003). Magnatas multimilionários da indústria da alimentação incluem Ray Kroc (McDonald's), Colonel Sanders (KFC), Dave Thomas (Wendy's), Fred Delucca (Subway), Tom

Monaghan (Domino's Pizza) e Carl Karcher (Carl's Jr.). Outros alunos que desistiram da faculdade ou que sequer a fizeram incluem o conhecido psicanalista Erik Erikson e o escritor William Faulkner.

Graduar-se, parece, não é um pré-requisito para o sucesso na vida. Ainda assim, Bill Gates estava pelo menos parcialmente certo em sua avaliação do fato. As escolas são mesmo obsoletas na medida em que não preparam os alunos para viver como adultos independentes e com sucesso no mundo real. Neste capítulo, afirma-se que essa é a função mais importante da escola de ensino médio, mas também que uma faculdade de quatro anos é apenas uma opção entre muitas para as quais as escolas deveriam preparar seus alunos. Outras possibilidades pós-escola de ensino médio são os programas de quatro anos não-tradicionais das faculdades, instituições alternativas, faculdades comunitárias de dois anos, escolas de comércio e escolas técnicas, programas registrados de profissionalização, centros de habilitação profissional, programas de ensino por correspondência e *on-line*, cursos que aliam trabalho e estudo ou viagem e estudo, e o envolvimento em atividades empreendedoras, como ocorreu com Bill Gates e outros bilionários citados, que tomaram o mundo de assalto.

O Discurso de Resultados Acadêmicos diminui consideravelmente o foco de como os educadores pensam sobre a preparação de alunos para a vida depois da graduação. A recente legislação federal americana propõe que sejam oferecidas bolsas de estudo para alunos que completem um programa de ensino médio "rigoroso". Será atribuição do governo federal decidir exatamente o que é ou não "rigor" (O dicionário Oxford define rigor como "severidade ao lidar com uma pessoa"). É provável que tal programa seja assim: quatro anos de inglês, três anos e meio de estudos sociais, dois anos de língua estrangeira e um ano de álgebra, geometria, álgebra avançada, biologia, química e física (Dillon, 2006). No entanto, isso não é o suficiente, mesmo no ambiente do Discurso de Resultados Acadêmicos de hoje, pois uma situação de quatro anos de ensino acadêmico na faculdade está sendo acoplada à própria estrutura de muitas escolas de ensino médio. Os cursos para ingresso na universidade enquanto ainda se está no ensino médio (Advanced Placement Courses) passaram de um número insignificante presente apenas nas escolas mais bem estruturadas de 50 anos atrás à implementação de tais cursos em mais de 60% das escolas de hoje. Em uma mensagem de 2006, o presidente Bush propôs "treinar 70 mil professores de ensino médio para orientar tais cursos de ingresso adiantado nas áreas de matemática e ciências", o que quadruplicaria o número de alunos desses cursos, chegando a 1,5 milhão até 2012 (Lewin, 2006).

Tal caminho de preparação pode ser bom para os alunos que estão planejando ser médicos, advogados, cientistas ou professores universitários. Em contrapartida, o que dizer dos alunos que têm outras metas? O que dizer dos alunos que planejam ser esteticistas, encanadores, auxiliares do sistema judiciário, secretárias, professores em creches, empreiteiros ou ingressar em qualquer outra profissão que não exija um diploma de quatro anos de uma faculdade? Esse intenso foco na preparação para a vida acadêmica serve apenas para acelerar a frustração de muitos alunos cujos sonhos, habilidades, aspirações e inclinações não estão refletidos nessa tendência a tratar todos os alunos da mesma forma, como se todos tivessem de *querer* receber um alto treinamento acadêmico para ter sucesso na vida. O que dizer dos alunos que sequer sabem o que querem fazer de suas vidas? Ao encerrar esses alunos em uma seqüência de cursos acadêmicos impedimos que tenham a oportunidade de tentar outras carreiras enquanto ainda cursam o ensino médio (por meio de internatos, atividades profissionalizante e outros programas que serão descritos a seguir). Essas experiências colocariam todos esses alunos em uma melhor posição para avaliarem como querem preparar-se para o resto de suas vidas.

NECESSIDADES DE DESENVOLVIMENTO NO MEIO E NO FINAL DA ADOLESCÊNCIA

A atual falta de visão relativa ao modo como as escolas médias estão preparando os alunos para seu futuro não dá a atenção necessária a muitas questões importantes para o desenvolvimento. Os alunos no meio ou no final da adolescência estão no limiar de tornarem-se adultos independentes. Nas culturas antigas e nativas, depois de passar pelos rituais da puberdade, os adolescentes eram considerados adultos e engajavam-se em responsabilidades adultas. Algumas cerimônias ainda se refletem hoje na cultura hispânica no que se chama de *quinceañera* – quando a garota latina de 15 anos floresce e passa a ser considerada mulher – e no *bat mitzvah* e *bar mitzvah* judaico, quando as garotas de 12 anos tornam-se mulheres e os garotos de 13 anos, homens. De uma perspectiva jurídica, há um reconhecimento claro da maturidade dos anos intermediários da adolescência. Aos garotos de 14 anos é permitido trabalhar legalmente em muitas ocupações que não lhes causem riscos e dar início à sua contagem de tempo para a aposentadoria. Aos 16 anos, os adolescentes já têm permissão para dirigir na maioria dos Estados norte-americanos; em muitos Estados podem casar-se legalmente sob determinadas condições. Aos 18 anos, os adolescentes votam em eleições municipais, estaduais e federais. É bastante irônico observar que, no mundo real, os indivíduos com idade para estar no ensino médio recebam tantos privilégios dos adultos, mas quando estão na sala de aula ainda têm de levantar a mão para ir ao banheiro!

Sob uma perspectiva biológica, os alunos no período médio ou final da adolescência já passaram pelas ondas de choque da puberdade e estão começando a sossegar neurologicamente. Depois de um excesso de matéria cinzenta durante os estágios iniciais da puberdade, um processo de escassez ou enxugamento ocorre, permitindo ao cérebro trabalhar com mais eficácia. A matéria branca ou a parte do cérebro que permite aos impulsos nervosos viajar mais rapidamente aumenta constantemente à medida que o indivíduo se aproxima dos 20 anos. Os lobos frontais, nos quais as funções cognitivas superiores ocorrem, ainda estão amadurecendo durante o final da adolescência e o início da idade adulta (Giedd et al., 1999; Rapoport et al., 1999).

Contudo, muitas mudanças positivas no desenvolvimento ocorrem no período intermediário da adolescência (entre 15 e 17 anos), incluindo a capacidade de desenvolver planos coerentes e metas de longo prazo, a capacidade de analisar problemas com maior facilidade e a competência para formular perguntas mais profundas sobre questões morais, éticas e religiosas. Os adolescentes dessa faixa já desenvolveram um sentido mais estável de seu "eu" que aqueles adolescentes mais jovens, como resultado de vários fatores novos, como a ampliação das redes sociais, o aumento da consciência intelectual acerca do mundo, a reflexão do tempo que passam sozinhos e a descoberta de novos talentos e de novas habilidades em áreas como esportes, artes e música.

Em meio a todas essas mudanças, as escolas de ensino médio preocupadas em preparar os alunos para o futuro deveriam estar cientes das necessidades de desenvolvimento não só da adolescência, como também do próximo estágio do desenvolvimento humano: o início da idade adulta. Como em geral ocorre, graduar-se não é uma das tarefas centrais do início da idade adulta, de acordo com a maioria dos pesquisadores do desenvolvimento humano. Erik Erikson (1993) observou em seu aclamado modelo de desenvolvimento humano que a questão central do início da idade adulta é a busca da intimidade amorosa (se houver falha, o indivíduo permanecerá isolado). O início da idade adulta é a fase em que a maioria das pessoas se casa, tem filhos e forma famílias. É também a época em que a maioria das pessoas começa a trabalhar de verdade, passando tanto por alguma espécie de aprendizagem quanto por algum processo de tentativa e erro para determinar como melhor adaptar sua singularidade às exigências da cultura circundante (Kenniston, 1972; Levinson, 1986, 1997). Não há nada na atual preparação oferecida pelas instituições de ensino médio para o ingresso na faculdade que reflita qualquer tipo de consciência em relação à necessidade de equipar os alunos para essas tarefas de desenvolvimento futuro. Uma escola que focaliza seus recursos na formação de alunos para serem aprovados em testes de cálculo, física e química, dispõe de pouco tempo para ajudar os alunos a refletir sobre quem são, como se relacionar bem com os outros, como cultivar outros seres vivos e como descobrir as preferências e as inclinações internas a fim de alimentar aspirações em suas carreiras.

PRÁTICAS INADEQUADAS DE DESENVOLVIMENTO NO ENSINO MÉDIO

Muitos dos problemas discutidos no Capítulo 5 concernentes às escolas intermediárias são também relevantes no ensino médio, incluindo os efeitos danosos das escolas impessoais, dos ambientes escolares inseguros, das experiências de aprendizagem emocionalmente inconsistentes e dos currículos fragmentados. Um dos esforços mais significativos historicamente voltados a muitas dessas questões no ensino médio vieram de Theodore Sizer e de sua Coalition of Essential Schools. Sizer e seus colaboradoes criticaram muitas características da escola de ensino médio tradicional, incluindo a subdivisão das aulas em segmentos de 50 minutos, o excesso de aulas expositivas e o acúmulo ao acaso de créditos em matérias irrelevantes – a chamada "escola de ensino médio de *shopping center* (Herbst, 1996; Powell, Farrar e Cohen, 1985; Sizer, 2004). Como Sizer diz: "Pode alguém argumentar, por exemplo, que o desenvolvimento intelectual de um adolescente é mais bem atendido pela exposição a fragmentos de 50 minutos de matérias completamente diferentes, sendo cada uma delas planejada de maneira isolada em relação às outras? Será que alguém acredita que os alunos devem receber de modo passivo a fala do professor por cerca de 90% do tempo em que estão em aula?" (Cushman, 1989, § 17). Da mesma forma, a reformadora do ensino médio Deborah Meier criticou a falha das instituições de nível médio no engajamento dos alunos em diálogos genuínos sobre o mundo que os desafia a criar questões, idéias e soluções para os problemas da vida (Meier, 2002). Aliado às práticas inadequadas de desenvolvimento apontadas e a elas relacionadas, há outras que merecem discussão (ver Figura 6.1):

Práticas inadequadas ao desenvolvimento	Práticas adequadas ao desenvolvimento
Escolas grandes e impessoais.	Pequenas comunidades de aprendizagem.
Escolas do tipo *shopping center*.	Escolas voltadas a uma área do conhecimento ou escolas independentes.
Subdivisões (*tracking*).	Abordagem voltada à atividade profissional.
Bastante tempo sentado em sala de aula.	Imersão/internato.
Pressão acadêmica excessiva.	Empreendimentos empresariais.
Relações impessoais entre professor e aluno.	Aprendizagem profissionalizante personalizada.
Políticas de tolerância zero.	Comunidades democráticas.

Figura 6.1 Práticas inadequadas ao desenvolvimento e práticas adequadas ao desenvolvimento no ensino médio.

Subdivisão dos alunos em grupos (*tracking*). O processo de direcionar os alunos a diferentes "grupos de habilidades" ou *tracks* (por exemplo, atividades acadêmicas ou profissionalizantes, preparação para a faculdade) diminui significativamente a qualidade da experiência de aprendizagem para os alunos que são colocados nos grupos inferiores. Oakes (2005) observou que o ensino nesses grupos consiste em aprendizagem de repetição e memorização, no uso de livros de exercícios entediantes e na prática de habilidades de sobrevivência, como, por exemplo, o preenchimento de formulários de emprego, ao passo que os alunos dos grupos superiores envolvem-se com resolução de problemas complexos, pensamento crítico, escrita criativa e outras atividades mais adequadas ao desenvolvimento. Tomar decisões sobre o futuro dos alunos antes de seus cérebros terem se desenvolvido por completo, antes de os próprios alunos terem recebido a oportunidade de expressar suas aspirações profissionais, e mais a partir de diferenças sociais e raciais do que das reais diferenças entre os indivíduos, condena muitos deles a levar vidas que não se encaixam em seu potencial de desenvolvimento.

Bastante tempo sentado em sala de aula. Se o propósito da escola de ensino médio, como o tenho articulado aqui, é preparar os alunos para uma vida independente no mundo, quanto mais tempo os alunos sentarem-se em mesas apertadas em salas iluminadas por lâmpadas fluorescentes, menos tempo terão para essa vida independente. Para alguns educadores teimosos, talvez pareça que responder às campanhas da escola, pedir licença para ir ao banheiro, ouvir anúncios inesperados nos alto-falantes e usar um lápis número 2 é uma grande maneira de acostumar-se ao mundo. Entetanto, dois aspectos estão faltando nesse cenário. Um é a sensação de independência; o outro, o mundo real. No mundo real, as pessoas negociam, articulam, discutem, manufaturam, experimentam, planejam, refletem, projetam, constroem, ensinam, jogam, relacionam-se, antecipam e criam, entre tantos outros esforços. E o fazem sem rede de proteção. Em outras palavras, agem por conta própria. Quanto mais a rotina escolar consistir em atividades altamente controladas, artificialmente realizadas e dirigidas pelo professor, mais inadequado ao desenvolvimento será o ambiente.

Pressão acadêmica excessiva. Este livro já discutiu os efeitos deletérios do Discurso de Resultados Acadêmicos sobre os alunos de todos os níveis. Mesmo para os alunos bastante motivados e adaptados a busca de uma preparação estritamente acadêmica para a faculdade, o acúmulo de cursos para Advanced Placement, a luta para obter uma média não só alta, como também mais alta, e o esforço por chegar a conteúdos cada vez mais rigorosos em todas as disciplinas criam um estresse que atua como inimigo das necessidades mais profundas de desenvolvimento dos alunos. Esses alunos, como todos de sua idade, estão ocupados construindo suas identidades, formando relações, colocando questões cada vez mais profundas sobre a vida e tornando-se independentes de seus pais, de seus professores e do passado. Se passarem dias e horas em uma busca infindável da média mais alta possível e de uma nota alta em qualquer curso de Advanced Placement que resolvam fazer, suas identidades vão formar-se ao redor dessa fina camada de "eu" que construíram, entrando facilmente em colapso se o estresse tornar-se muito grande ou se a estrutura da vida a seu redor mudar e eles forem incapazes de se adaptarem. A depressão, os transtornos alimentares, as tentativas de suicídio e outras doenças mentais (e físicas) estão à espera desses adolescentes que trilham esse caminho sem ter recebido, enquanto estiveram na escola, nenhuma instrução sobre a arte de viver.

AS MELHORES ESCOLAS: EXEMPLOS DE PRÁTICAS ADEQUADAS AO DESENVOLVIMENTO NO ENSINO MÉDIO

Muitas práticas de desenvolvimento adequado ajustadas para o nível médio já foram abordadas no Capítulo 5 sobre as escolas intermediárias. Além disso, muitos princípios abrangentes já foram claramente articulados pela Coalition of Essential Schools. Desenvolvidos para os níveis fundamental e médio, esses princípios afins estabelecem modelos para o que se deveria apresentar em *todas* as escolas, independentemente dos programas específicos ou dos currículos usados em qualquer ambiente (Sizer, 1997b). Os princípios incluem o seguinte:
- Ajudar os alunos a usar bem suas mentes.
- Reconhecer que menos é mais; focalizar a profundidade em vez de a superfície.
- Propor metas para todos os alunos.
- Personalizar ensino e aprendizagem.
- Praticar uma abordagem em que o aluno atua como um trabalhador-artesão e o professor, como um orientador.
- Enfatizar a demonstração do comando de algo estudado.
- Adotar um espírito de honestidade e confiança.
- Expressar comprometimento para com toda a escola.
- Dedicar recursos ao ensino e à aprendizagem.
- Valorizar a democracia e a igualdade e servir de modelo para ambas.

Esses princípios não refletem diferenças de desenvolvimento específicas entre faixas etárias, mas representam algumas características principais que devem ser parte da estrutura interna de uma escola quando se quer atingir as necessidades de desenvolvimento dos alunos. Se eu tivesse de acrescentar algum componente de desenvolvimento a esses princípios, seria o reconhecimento das mudanças da relação aluno-professor de acordo com os diferentes períodos de desenvolvimento. Na primeira infância, consideraria a relação em termos de *aluno como alguém que brinca, professor como facilitador*; na escola fundamental (séries iniciais), *aluno como trabalhador-artesão, professor como orientador*; nas séries finais do ensino fundamental (escola intermediária), *aluno como explorador, professor como guia*; no ensino médio, *aluno como aprendiz-praticante, professor como conselheiro*. A última relação reconhece o fato de que os alunos do ensino médio estão prestes a tornar-se adultos independentes e de que podem prosperar na presença de adultos experientes, tanto no sentido de modelar o pensamento e o comportamento de um adulto maduro quanto no de ter um conhecimento especial em determinadas disciplinas (mecânica, história, cinema, arte com fibras naturais e tecidos, filosofia, etc.) que podem transmitir à próxima geração.

Há muitos programas específicos, muitas estruturas e muitos currículos no ensino médio particularmente adaptáveis no que tange a permitir que os alunos pratiquem o que é necessário para se tornarem adultos independentes. Essas melhores práticas têm em comum o fato de tratar os alunos como futuros adultos, não como adolescentes, reconhecendo que os melhores ambientes de aprendizagem são aqueles que se dão não em um ambiente educacional artificialmente planejado, mas em meio à ambigüidade e à complexidade do mundo real. Dias dedicados ao conhecimento de profissões, às pesquisas científicas, às simulações e aos palestrantes convidados (excelentes atividades no ensino fundamental) não são mais suficientes para matar a sede que os adolescentes têm de tornarem-se parte do mundo adulto. Em vez disso, pelo menos algumas das abordagens a seguir precisam ser incorporadas como elementos fundamentais de qualquer escola de ensino médio voltada ao desenvolvimento.

Escolas voltadas a uma área do conhecimento ou escolas independentes. São escolas projetadas com base em alguma carreira específica que exigem prática real no mundo. Um exemplo é a Aviation High School, em Long Island City, Nova York. É a única escola norte-americana que dispõe de um hangar com uma pequena aeronave. Os alunos trabalham em salas de aula convencionais e simulam administrar oficinas profissionalmente, além de fabricar e consertar peças de aviões. Os graduados recebem um diploma, relativo ou ao conhecimento da estrutura do avião ou do seu motor, da Federal Aviation Administration. Na West Hawaii Explorations Academy, a primeira escola independente do Estado do Hawaii, os alunos têm como foco a ecologia. Situada na área do Natural Energy Lab, na costa (coberta por lava) da região de Kona, os alunos trabalham em projetos que envolvem o desenvolvimento de energias alternativas, pesquisas sobre sustentabilidade do ambiente e aqüicultura. Os alunos podem desenvolver hipóteses para recuperar lagoas salinizadas, projetar e construir veículos energeticamente viáveis ou usar sondas computadorizadas para medir o oxigênio e o calor da área (Curtis, 2001b). No Brooklyn, Nova York, os alunos aprendem a combater incêndios e a garantir a segurança na escola (sob orientação do corpo de bombeiros de Nova York) High School for Fire and Life Society. Os alunos convivem com ex-bombeiros, têm aulas práticas em cenários de emergência e a oportunidade ou de tornarem-se técnicos em emergências médicas, bombeiros (com algumas horas de crédito para a faculdade e um certificado), ou de buscarem o treinamento em áreas afins, como no setor da saúde, fotografia ou inspeção de prédios (Zehr, 2005).

Abordagem voltada à carreira. São, em geral, escolas dentro de escolas que permitem a um grupo de 100 a 150 alunos trabalhar com um grupo determinado de professores ao longo do ensino médio (Kemple e Scott-Clayton, 2004). Os cursos acadêmicos são integrados a cursos técnicos e organizados em torno de uma carreira. Esse tipo de escola trabalha em conjunto com empresas da comunidade que oferecem apoio financeiro e técnico. A primeira escola nesse estilo foi a Electrical Academy at Edison High School, na Filadélfia, que começou suas atividades em 1969 e foi patrocinada pela Philadelphia Electric Company. Outras escolas direcionaram-se a uma ampla gama de disciplinas, incluindo estudos automotivos, tecnologia ambiental, direito, horticultura, computação, turismo e saúde. Na Oakland Technical High School, cerca de 175 alunos participam da Oakland Health e Bioscience Academy, voltada ao estudo de saúde e biociências. Os alunos do segundo ano têm orientadores e realizam 100 horas de serviço comunitário em hospitais locais. Os alunos da terceira série (penúltima) passam por um rodízio que contempla uma variedade de carreiras possíveis depois da escola e, no último ano, já estão recebendo ou remuneração ou créditos escolares ou ambos, se estiverem vinculados a atividades após a escola em regime de imersão/internato. As aulas da maior parte dessas escolas atendem as exigências para a entrada em faculdades e universidades de quatro anos de duração.

Imersão/internato. Esta alternativa permite aos alunos do ensino médio trabalharem na própria escola com empresas e organizações durante um período de tempo, com o intuito de aprenderem uma determinada atividade ou profissão. As atividades realizadas no local de trabalho referem-se a uma amostragem de tarefas de diferentes profissões ou a várias tarefas de uma mesma profissão. Os internatos ou são parte da semana escolar, ou um componente pós-escola, ou ocorrem durante o verão. Podem ser voluntários ou remunerados. Em geral, são organizados pela escola, em parceria com uma organização, ou pelas próprias empresas ou organizações. Por exemplo, os educadores da Lakeside High School, em Idaho, desenvolveram imersões para as seis áreas: negócios e marketing, serviços sociais e humanos, ciência e engenharia, produção e indústria, arte e comunicações, e recursos naturais. Os alunos do programa de recursos naturais aprendem a localizar, inspecionar e limpar os locais dos ninhos de gansos canadenses, patos e azulões, tendo encontros com especialistas em botânica, conservacionistas e outros especialistas, a fim de aprender sobre suas profissões e sobre como preparar-se para as atividades no serviço florestal norte-americano (U.S. Forest Service) (Foemmel, 1997).

Empreendimentos empresariais. Estes programas oferecem oportunidades para alunos do ensino médio projetarem e operarem um negócio dentro ou fora da sala de aula. Um professor de informática e cinco alunos da cidade de McDermott, Nevada, não conseguiram encontrar um provedor de internet acessível para a rede de computadores da escola. Então, formaram seu próprio provedor sem fins lucrativos, que não só atendeu os 72 computadores da escola, como também a 165 residentes e empresas da região (Trotter, 2000). Os alunos de Ouray, Colorado, operam a FM KURA-LP 98.9, que é apenas uma das muitas rádios administradas e produzidas por alunos do ensino médio 24 horas por dia, sete dias por semana, durante o ano inteiro. Os alunos da Salem High School, em Massachusetts, administram seu bistrô, chamado *Black Cat Café*, no porão da escola (Wade, 2004). Há muitas organizações nacionais que apóiam os alunos na sua aprendizagem de como a logística do mundo dos negócios funciona e na criação de seus próprios negócios. Entre elas estão Junior Achievement, Future Business Leaders of America, Distributive Education Clubs of America e Future Farmers of America.

Aprendizagem profissionalizante personalizada. São experiências que levam da escola ao mercado de trabalho em áreas profissionais específicas, planejdas para conduzir diretamente a um programa pós-ensino médio de primeiro emprego, ou a um programa de aprendizagem profissionalizante registrado. Tais programas são relações nas quais o trabalhador ou aprendiz aprende uma profissão com um empregador ou empregado em um programa estruturado patrocinado por empregadores ou sindicatos. No Fox Cities Apprenticeship Program, em Appleton, Wisconsin, por exemplo, os alunos do terceiro e do quarto anos do ensino médio aprendem sobre o ramo editorial, freqüentando a Fox Valley Technical School dois dias por semana e participando de aprendizagem no próprio local de trabalho durante os outros três dias. Os alunos passam um ano fazendo rodízio em uma empresa editorial, observando vários aspectos das operações antes de assumir funções no trabalho.

Aprendizagem de serviço à comunidade. Estes programas oferecem aos alunos ocupações voluntárias em organizações sem fins lucrativos que amparam o meio ambiente, crianças, idosos, doentes ou pessoas necessitadas. Também oferecem aos alunos a oportunidade de refletir sobre suas experiências no ambiente escolar e de conectar a aprendizagem de serviços à aprendizagem acadêmica. No Estado de Maryland, por exemplo, onde o serviço à comunidade foi tornado uma exigência para a conclusão do ensino médio, os alunos limpam estábulos, realizam serviço de atendimento telefônico, servem sopas para os sem-teto e constroem casas para a organização *Habitat for Humanity*. Essas atividades, por sua vez, conduzem a novos interesses, aspirações e questões sobre moradia, pobreza, ecologia e sobre outras questões sociais importantes (Galley, 2003).

Orientação. Este tipo de programa coloca o aluno em contato com um adulto (dentro ou fora da escola) com as habilidades e com o conhecimento almejados pelo aluno. O conselheiro ensina, critica, treina e desafia o aluno a ter um bom desempenho, trabalhando em cooperação com a escola ou com o empregador do aluno. Na Met West, em Oakland, Califórnia, por exemplo, um técnico em veterinária orienta o aluno a aplicar vacinas, limpar gaiolas, cortar unhas e cuidar de animais do Broadway Pet Hospital no centro da cidade (Furger, 2004b). Na Berkeley Vale Community High School, da Austrália, os alunos trabalham em parceria com indivíduos aposentados ou semi-aposentados da comunidade pelo período de até um ano. O aluno e o orientador encontram-se uma vez por semana e mantêm contato telefônico durante a semana para pesquisar profissões, visitar locais de trabalho e fazer indagações. O orientador mantém um registro do desenvolvimento da carreira do aluno e busca oportunidades e contatos.

Educação cooperativa. Originalmente implementada em Cincinnati, Ohio, em 1906, a educação cooperativa evoluiu para programas que alternam um semestre de aprendizagem teórica com um semestre de atividade profissional ou que dividem o período escolar em teoria pela manhã e prática à tarde (Kerka, 1999). Um plano de avaliação escrita estrutura a experiência cooperativa do aluno em conjunto com autoridades da escola e do local de trabalho.

Proteção ao Emprego. Nesta circunstância, o aluno fica sob a proteção de um empregado em uma empresa aprendendo sobre uma determinada ocupação ou sobre um setor. Essas experiências variam de uma visita de poucas horas, realizada apenas uma vez, a visitas periódicas durante um período de tempo maior. Um estudo realizado com alunos participantes de um programa para quem estivesse nos dois últimos anos do ensino médio relatou que a experiência pela qual passaram os participantes ajudou-os a desenvolver uma melhor compreensão da relação entre educação e a possibilidade de obter um bom emprego, das complexidades do mundo dos negócios e do que é necessário para ter sucesso na prática profissional (Van Dusen e Edmundson, 2003).

Isenção educacional. Estes programas oferecem aos alunos uma licença para que se envolvam em objetivos do mundo real, incluindo viagens ao exterior, programas de intercâmbio, trabalho missionário, estudos em outras localidades ou experiências no local de trabalho que melhorem a condição de empregabilidade ou desenvolvimento profissional. É interessante destacar que faculdades de prestígio como Harvard, Cornell e Sarah Lawrence, em geral, recomendam que os candidatos passem um ano no exterior (chamado de "ano de intervalo") para viajar ou trabalhar antes de começarem seu primeiro ano de estudos (Pope, 2005).

Os programas mencionados são apenas algumas dentre as muitas oportunidades que os alunos americanos do ensino médio têm de envolver-se em atividades do mundo real enquanto ainda estiverem cursando o próprio ensino médio e adquirindo habilidades necessárias para o mercado de trabalho. Aqueles que propõem o Discurso de Resultados Acadêmicos talvez se questionem como os alunos cuja intenção seja a carreira acadêmica, a qual requer uma formação significativamente mais complexa, como direito, medicina ou pesquisa científica ou acadêmica, poderiam ter algum benefício em fazer parte de alguns desses programas (ou encontrar tempo para eles), já que muitos foram associados no passado com "alunos de baixo desempenho" (uma frase do Discurso de Resultados Acadêmicos). A verdade é que muitos alunos talvez nem saibam se querem cursar carreiras médicas, científicas ou acadêmicas, a menos que e até que tenham recebido a oportunidade de participar de programas de imersão/internato e de proteção ao emprego ou de serem orientados por advogados, cientistas ou professores universitários. A presença de tais programas nas escolas de ensino médio ajudará a garantir que os alunos tenham alguma noção para onde caminham antes de se decidir sobre o tipo de formação pós-ensino médio ou treinamento no local de trabalho que irão realizar. Ao mesmo tempo, se considerarmos a experiência do ensino médio, especialmente em termos de preparar os alunos para seus papéis na vida real, os alunos excluídos, entediados ou alienados nas aulas acadêmicas que têm pouca ou nenhuma relação com suas necessidades específicas ou com seus interesses terão a oportunidade de descobrir seus caminhos para o sucesso na idade adulta.

PARA ESTUDO POSTERIOR

1. Busque algumas informações em jornais sobre assuntos relativos a um ou mais incidentes acerca da violência no ensino médio que tenham ocorrido nos últimos 10 anos. Quando você descobrir mais sobre quem perpetrou a violência, observe que tipo de escola freqüentaram, que tipos de cursos fizeram e que tipos de relações tiveram com colegas, professores e administradores. As escolas se voltaram mais ao Discurso de Resultados Acadêmicos ou ao Discurso do Desenvolvimento Humano? Tendo como base suas investigações, quais são suas reflexões sobre como as escolas do ensino médio deveriam ser reformadas?

2. Entreviste dois ou três alunos do ensino médio acerca de suas experiências na escola que freqüentam. De quais disciplinas gostam e de quais não gostam? Qual sua preocupação com notas e escores em testes? Que tipo de plano eles têm em relação ao trabalho e ao estudo quando concluírem o ensino médio? Quais as perspectivas para os próximos cinco anos? E para os próximos 10 anos? Que tipo de reflexões você pode fazer sobre as experiências deles no ensino médio com base em sua entrevista? Você pode fazer alguma inferência sobre a experiência do ensino médio em geral a partir dessas entrevistas?

3. Retome suas próprias experiências no ensino médio. Que tipo de plano você tinha para o futuro? Que tipo de preparação você fez no ensino médio com base em tais planos? Você recebeu apoio e encorajamento de professores, administradores, orientadores educacionais ou de qualquer outro profissional da área? De que forma seus planos para o futuro se cumpriram na vida adulta? Você sente que sua escola de ensino médio fez um bom trabalho no que diz respeito a prepará-lo para viver com independência no mundo real? Por que sim ou não? Tendo com base suas

experiências no ensino médio, o que você considera necessário para as escolas de hoje?

4. Investigue algum tipo de práticas adequadas ao desenvolvimento descritas neste capítulo por meio de visitas a uma ou mais escolas de ensino médio de sua região. Há escolas com perfil mais voltado ao Discurso do Desenvolvimento Humano e outras, ao Discurso de Resultados Acadêmicos? Quais fatores fizeram algumas escolas de ensino médio mais inclinadas aos resultados acadêmicos e outras ao desenvolvimento humano?

5. Imagine sua escola de ensino médio voltada ao desenvolvimento. Que programas, cursos e atividades estariam presentes nela? Que aliança haveria com organizações e empresas da comunidade local e com organizações e empresas estaduais, nacionais e internacionais? Como você imagina o papel dos professores em tal escola? O que seria necessário para começar a implementar tal programa de ensino em sua comunidade?

Conclusão

Os leitores que acompanharam meus argumentos até o fim, sem dúvida, têm perguntas em relação a muito do que eu disse. Isso é compreensível, já que coloquei em questão muitas crenças rigidamente estabelecidas sobre como as escolas devem ser estruturadas. Gostaria de antecipar algumas dessas questões e oferecer algumas respostas adequadas.

Uma pergunta que com freqüência surge na mente dos educadores pode ser assim expressa: "Você apresentou muitas práticas sensacionais de algumas escolas, mas pode garantir que elas também melhoraram os escores nos testes padronizados?" Tenho a impressão de que irei desapontar muitos de vocês com minha resposta, que é: "Não verifiquei e não estou, na verdade, interessado em descobrir." É bem possível que sim, mas a razão por eu não estar terrivelmente preocupado é o fato de suspeitar que essa questão é apenas uma forma provocativa de me fazer falar a língua do Discurso de Resultados Acadêmicos. Sim, eu poderia ter acrescentado aos seis capítulos precedentes um capítulo final que afirmasse: "Só para o caso de alguns de vocês estarem um pouco nervosos sobre o que disse até aqui neste livro, eis alguns resultados estatísticos demonstrando que é possível promover o crescimento e o desenvolvimento e *ainda* aumentar os escores dos testes, mantendo um progresso adequado durante o ano." Não escrevi tal capítulo porque isso indicaria que as metas do desenvolvimento humano na educação são importantes *apenas se* promovessem resultados acadêmicos. Isso teria feito com que eu mergulhasse na linguagem do Discurso de Resultados Acadêmicos.

O que estou defendendo neste livro é que já praticamos demais esse discurso; precisamos tentar falar uma língua diferente – a língua do desenvolvimento humano – para efetuarmos uma mudança reanimadora. Na verdade, há educadores trabalhando na área que atingiram excelência na integração de questões do desenvolvimento humano com as metas de resultados acadêmicos (ver, por exemplo, Comer, 2004). Sim, eu acredito na necessidade de haver de fato uma reaproximação entre esses dois discursos contrastantes. Em contrapartida, não se pode obter tal aproximação ou síntese até que ambos os discursos tenham sido inteiramente explorados no mercado de idéias. Está claro para mim que o Discurso de Resultados Acadêmicos tenha dominado tanto a conversação sobre educação com sua voz de Gargântua, que o Discurso do Desenvolvimento Humano mal pode ser ouvido. Se parássemos de falar a língua do Discurso de Resultados Acadêmicos por alguns poucos anos e se nosso discurso sobre educação se desse por meio dos pensadores do desenvolvimento humano, suspeito que só aí teríamos uma espécie de eqüidade entre os dois discursos.

Uma segunda questão que merece atenção é mais ou menos assim: "Dr. Armstrong, o que você diz sobre o desenvolvimento humano e sobre os tipos de práticas recomendadas é muito eficaz para os alunos que já obtiveram bons resultados acadêmicos. Mas o que dizer sobre aqueles alunos – a maior parte deles pobres e pertencentes a minorias – que estão muito aquém de tais resultados? Para que eles consigam chegar ao mesmo nível dos outros estudantes e para que tenham uma chance igual de competir no mercado de trabalho, a ênfase no Discurso do Desenvolvimento Humano e a negação dos resultados acadêmicos e dos escores nos testes não é um grande desserviço?" Esta é a pergunta relativa ao "acabar com o desnível dos resultados". Esse argumento conduziu boa parte da retórica do governo americano nas últimas quatro décadas e ajudou a influenciar a aprovação da lei No Child Left Behind. Esse argumento tem dado ao Discurso de Resultados Acadêmicos muito de sua força legal e justificação moral. Contudo, há nele falhas significativas. Primeiramente, o desnível é, em geral, definido em termos de resultados nos escores dos testes, e a implicação é a de que tudo o que temos de fazer é aumentar os escores dos alunos com resultados baixos até chegar ao nível dos alunos que atingem satisfatoriamente os resultados a fim de termos conquistado nossa meta. Isso é o que "acabar com o desnível" de fato significa em sentido literal. Contudo, trata-se de uma resposta superficial para problemas muito profundos e complexos relacionados com iniqüidades sociais, raciais e econômicas existentes no próprio núcleo de nosso sistema social. O desnível na educação foi muito bem articulado por Jonathan Kozol (1992, 2005), o qual, de modo contundente, afirma que as escolas de áreas pobres e de minorias não têm orçamento, materiais, recursos, treinamento ou infra-estrutura para equiparar-se às escolas de distritos ricos com os resultados mais altos dos Estados Unidos. Ou seja, elas não estão em condição de competir academicamente.

Trata-se de uma questão de eqüidade, e não de resultados em testes. Os alunos das escolas pobres e de minorias têm direito às mesmas experiências de alta qualidade descritas neste livro que têm os brancos e ricos. Eles não merecem passar por práticas de desenvolvimento inadequado, como *kits* de preparação para testes e livros didáticos entediantes que lhes são empurrados porque os políticos acreditam ser necessário acabar com o desnível nos resultados. Ainda assim, esse é o tratamento que Kozol indica como o que provavelmente receberão. Tais esforços para eliminar o desnível de resultados podem de fato ser contraproducentes. Talvez algumas mudanças recentes na lei No Child Left Behind, por exemplo, beneficiem mais os brancos do que as minorias (Sunderman, 2006).

Também gostaria de abordar a questão "me mostre o dinheiro", que acredito ser o argumento mais forte para combater a perspectiva defendida neste livro. Essa questão diz o seguinte: "Você diz que precisamos levar os resultados acadêmicos menos a sério do que antes. Ainda assim, há estatísticas convincentes demonstrando que quanto mais educação acadêmica os alunos tiverem depois do ensino médio, mais dinheiro ganharão durante a vida. Será que o fato de você evitar os resultados acadêmicos em prol do desenvolvimento humano não servirá para impedir muitos alunos de acumularem centenas de milhares de dólares pelo fato de não continuarem seus estudos?" Primeiro, deixe-me dizer que *não* estou afirmando que os alunos não devam continuar a buscar educação acadêmica depois do ensino médio. Estou bastante ciente das estatísticas que apontam a correlação entre educação superior e renda anual (U.S. Census Bureau, 2002). Sou completa e absolutamente a favor de os alunos concluírem o ensino médio e buscarem o ensino superior ou um treinamento de que necessitem para atingir suas metas pessoais e profissionais.

O problema é que ao criar um ambiente durante os 12 primeiros anos de ensino escolar que enfatiza a educação não como meio de satisfação pessoal, mas como uma maneira de obter altos resultados nos testes, nós condenamos muitos alunos à frustração e ao subseqüente abandono da escola. Se os alunos desistem do ensino médio porque o currículo não vai ao encontro de suas necessidades pessoais de desenvolvimento e porque não reconhece sua necessidade de crescer como seres humanos únicos, então acabarão no ponto mais baixo do gráfico no que diz respeito à renda para o resto da vida. Da mesma forma, se prepararmos os alunos para a educação superior por meio da ênfase de seu desempenho em escores de testes e negligenciarmos ajuda para que entendam seus potenciais e suas aspirações, muitos alunos que vão para a faculdade da mesma forma estarão desmotivados e desistirão antes de concluir um curso. O Discurso do Desenvolvimento Humano preocupa-se em dar suporte aos alunos no entendimento de seu próprio desenvolvimento (onde estiveram, onde estão, para onde irão na vida) de maneira que as decisões tomadas acerca da educação superior e as escolhas de suas carreiras serão coerentes com suas necessidades interiores. Se seguirmos a lógica do "mostre-me o dinheiro", os educadores deverão, então, encorajar todos os alunos a freqüentarem as chamadas escolas profissionais (curso de medicina, direito, etc.), porque as estatísticas demonstram que este nível de educação está associado à renda mais alta. Não exigimos isso (ou pelo menos a maior parte de nós não o faz) por percebermos que as pessoas são diferentes e têm aspirações, necessidades, interesses e capacidades diferentes. Graças a Deus temos a diversidade; caso contrário, nossa sociedade seria composta apenas por médicos e advogados! Sim, dinheiro é bom, dinheiro é importante, mas há outras coisas, chamadas valores – honestidade, integridade, coragem, confiança, altruísmo, beleza, cooperação, empatia, esperança – qualidades que, em primeiro plano, fazem a vida valer a pena e que merecem ser consideradas como as metas fundamentais do processo educacional.

Para concluir, quero refletir sobre o estado da cultura contemporânea e sua relação com a educação. Não é preciso ser um cientista social para entender que nossa sociedade e o mundo como um todo está repleto de males sociais: pobreza, injustiça, violência, fome, preconceito, guerra e doenças. Você pode facilmente acrescentar outros problemas a essa lista. Estamos lidando com eles agora e também os estamos transmitindo às gerações futuras. Qual é o melhor caminho para equipar nossas crianças para lidar com esses problemas? Apavorando-os profundamente sobre como vão fazer o teste da próxima semana? Ameaçando-os de que não vão receber seu diploma se não memorizarem a tabela periódica? Impedindo de realizarem sua atividade favorita se não obtiverem notas cada vez melhores? Retirando-os das atividades lúdicas aos 3 anos e colocando-os diante de um computador? Esses são apenas alguns fardos que o Discurso de Resultados Acadêmicos colocou sobre os mesmos alunos com os quais contamos para criar uma sociedade pacífica, plena e igualitária no futuro.

De acordo com o que já apontei em outro momento (Armstrong, 1998), as verdadeiras habilidades para a sobrevivência na educação são as que oferecemos aos nossos alunos com o intuito de capacitar a humanidade a evoluir como espécie. O Discurso de Resultados Acadêmicos não está pronto para o desafio de oferecer tais habilidades que preservarão a vida das próximas gerações. Apenas afastando-nos dessa visão estreita e considerando nossos alunos em termos de seu desenvolvimento integral (passado, presente e futuro) e vendo nossa tarefa como educadores em termos de apoio a esse desenvolvimento é que teremos uma boa chance de salvar o planeta e transformá-lo em um lugar seguro para os seres humanos, assim como para todos os seres vivos.

Apêndice

Resumo de como a Pesquisa do Desenvolvimento Humano deve Sustentar a Prática Educacional

As melhores escolas

Nível escolar	Idade	Melhor ambiente educacional	Principal foco	Base cerebral	Antecedentes culturais	Ênfase curricular	Abordagens de avaliação mais adequadas ao desenvolvimento	Relação professor-aluno
Primeira infância: pré-escola	3-6	Espaço para atividades lúdicas	Brincar	Conexões dendríticas ricas, efeito da estimulação do ambiente no desenvolvimento sináptico	Criança não é moralmente responsável até os 7 anos	Experiências sensório-motoras ricas, brincar imaginativa e livremente	Observação e documentação das experiências espontâneas de atividades lúdicas	Aluno como alguém que brinca; professor como facilitador
Escola de ensino fundamental (séries iniciais)	7-10	Museu infantil	Aprender como o mundo funciona	Poda cultural do crescimento sináptico	Treinamento formal de habilidades	Aprender sobre sistemas de símbolos, regras, instituições e mundo natural	Avaliação baseada na performance de aprendizagem baseada em projetos (medidas baseadas em critérios e ipsativas)	Alunos como trabalhador-artesão/aprendiz; professor como orientador individual
Escola de ensino fundamental (séries finais)	11-14	Ambiente terapêutico	Aprendizagem social, emocional e metacognitiva	Maturidade do sistema límbico, falta de maturidade do lobo frontal	Rituais de passagem (puberdade)	Educação afetiva, desenvolvimento da inteligência emocional, trabalho em pequenos grupos	Auto-avaliação (diários, projetos), revisão do trabalho aluno-professor, revisão por colegas	Aluno como explorador; professor como guia
Escola de ensino médio	15-18	Aprendizado profissional	Preparar-se para viver de maneira independente no mundo	Desenvolvimento progressivo dos lobos frontais	Assumir papéis e responsabilidades adultos	Preparação e desenvolvimento da carreira	Portfólios, testes de certificação, exames preparatórios para a faculdade	Alunos como aprendiz-praticante; professor como orientador

Nível escolar	Idade	Principais obstáculos à realização	Resultados da falha em empregar um modelo de educação adequado	Ferramentas pedagógicas	Exemplos de programas escolares	Exemplos de mau uso da meta de desenvolvimento	Exemplos de como o uma disciplina deveria ser ensinada (por exemplo, leitura)
Primeira infância (pré-escola)	3-6	Negligenciar horários inerentes ao desenvolvimento, uso inadequado do modelo de resultados acadêmicos, fim das atividades lúdicas, surgimento de tecnologias	Síndrome da criança apressada, sintomas de estresse (que afetam a aprendizagem, a atenção e a concentração)	Casa de brinquedo, *playground*, experiências sensório-motoras, ato de vestir-se, teatro, uso de blocos	Roseville Community Preschool, Roseville, CA	*Laissez-faire*, ambientes não supervisionados	Não há ensino da leitura; apenas exposição a palavras, livros, etc., como parte do espaço destinado ao brincar
Escola de ensino fundamental (séries iniciais)	7-10	Foco em testes padronizados, aprendizagem do tipo lápis e papel	Inaptidão para aprender, desordem do déficit de atenção, problemas disciplinares na escola	Centros de atividade, jornada de pesquisas científicas, instrução baseada em temas, aprendizagem baseada em projetos, simulações	Lowell City School MicroSociety, Lowell, MA	Programas desestruturados e baseados em atividades de poucos efeitos	Programa de alfabetização baseado em linguagem e em literatura ricas (com consciência fonêmica sendo parte integral do programa)
Escola de ensino fundamental (séries finais)	11-14	Pressão por preparação e resultados para a faculdade	Gangues, violência escolar, apatia social, uso de drogas	Aprendizagem ativa, comunidade de aprendizes, aprendizagem afetiva/social, estratégias metacognitivas	Clarkson School of Discovery, NC	Programas pró-lucro aplicados ao meio com uso de coerção	Leitura voltada à autodescoberta, leitura feita em grupos, estratégias metacognitivas de leitura
Escola de ensino médio	15-18	Pressão por preparação para os 4 anos de faculdade	Gangues, violência escolar, apatia social, uso de drogas	Cursos de aprendizagem profissional, internatos, educação cooperativa, aconselhamento para a carreira	Aviation High School, Long Island, NY	Experiências não-supervisionadas de trabalho	Leitura pelo prazer, papéis a serem assumidos no trabalho e preparação para a faculdade

Referências

Adams, R. (2001, August). Writing wrongs, business letters give students a voice in world affairs. *Middle Ground,* 5(1), 36-37.
Alexander, W. M. (1995, January). The junior high school: A changing view. *Middle School Journal,* 26(3), 20-24.
Alliance for Childhood. (2000). *Fool's gold: A critical look at computers in childhood.* College Park, MD: Author. Available: www.allianceforchildhood.net/projects/computers/computers_reports.htm
Almon, J. (2004). Educating for creative thinking: The Waldorf approach. [Online article]. Available: www.waldorfearlychildhood.org/article.asp?id=8
Ambrosio, A. (2003, Fali). Unacceptable: My school and my students are labeled as failures. *Rethinking Schools Online,* 18(1). Available: www.rethinkingschools.org
American Institutes for Research. (2005). *CSRQ Center report on elementary school comprehensive school reform models.* Washington, DC: The Comprehensive School Reform Quality Center.
Anderman, L. H., & Midgley, C. (1998). *Motivation and middle school students.* (Report No. EDO-PS-98-5). Champaign, IL: ERIC Clearinghouse on Elementary and Early Childhood Education. (ERIC Document Reproduction Service No. ED4211281)
Appelsies, A., e Fairbanks, C. M. (1997, May). Write for your life. *Educational Leadership,* 54(8), 70-72.
Archer, J. (2005, August 31). Connecticut files court challenge to NCLE. *Education Week,* 25(1), 23, 27.
Aristotle. (1958). *The pocket Aristotle* (J. D. Kaplan, Ed.). New York: Simon & Schuster.
Armstrong, S. (2001, September 1). Turning the tables – Students teach teachers. *Edutopia Online.* Available: www.edutopia.org/php/article.php?id=Art_797
Armstrong, T. (1988, August). Lessons in wonder. *Parenting,* 44-46.
Armstrong, T. (1990, March). But does it compute? *Parenting,* 27-29.
Armstrong, T. (1991). *Awakening your child's natural genius.* New York: Tarcher/Putnam.

Armstrong, T. (1997). *The myth of the A.D.D. child: 50 ways to improve your child's behavior and attention span without drugs, labels,* or *coercion.* New York: Plume.
Armstrong, T. (1998). *Awakening genius in the classroom.* Alexandria, VA: Association for Supervision and Curriculum Development.
Armstrong, T. (2000a). *In their own way: Discovering and encouraging your child's multiple intelligences* (Rev. & updated). New York: Penguin/Tarcher.
Armstrong, T. (2000b). *Multiple intelligences in the classroom* (2nded.). Alexandria, VA: Association for Supervision and Curriculum Development.
Armstrong, T. (2003a). *ADD/ADHD alternatives in the classroom.* Alexandria, VA: Association for Supervision and Curriculum Development.
Armstrong, T. (2003b). Attention deficit hyperactivity disorder in children: One consequence of the rise of technologies and demise of play? In S. Olfman (Ed.), *All work and no play: How educational reforms are harming our preschoolers* (pp. 161-176). Westport, CT: Praeger.
Armstrong, T. (2005). Canaries in the coal mine: The symptoms of children labeled "ADHD" as biocultural feedback. In G. Lloyd (Ed.), *Critical new perspectives on attention deficit/hyperactivity disorder* (pp. 34-44). London: Routledge.
Association of California School Administrators. (2003, June 9). No Child Left Behind: Middle-grade leaders take a stand on NCLB. *ACSA Online.* Available: www.acsa.org
Association of Children's Museums. (2003, May 2). Whether with public schools, childcare providers or transit authorities, children's museums partner creatively with their communities [Online news release]. Available: www.childrensmuseums.org
Auden, W. H., & Pearson, N. H. (Eds.). (1977). *The portable romantic poets.* New York: Penguin.
Ball, A. (2003, June 2). Geo-literacy: Forging new ground. *Edutopia Online.* Available: www.edutopia.org/php/article.php?id=Art_1042
Ball, A. (2004, December 15). Swamped: Louisiana students become wetlands custodians. *Edutopia Online.* Available: www.edutopia.org/php/article.php?id=Art_1028
Baron-Cohen, S. (1996, June). Is there a normal phase of synaesthesia in development? *Psyche,* 2(27). Available: http://psyche.cs.monash.edu.au/v2/psyche-2-27-baron_cohen.html
Bartlett, J. (1919). *Familiar Quotations, 10th edition.* Boston: Little, Brown.
Bergman, I. (1988). *The magic lantern.* New York: Penguin.
Berliner, D. C. (1993). The 100-year journey of educational psychology: From interest, to disdain, to respect for practice. In T. K. Fagan & G. R. VandenBos (Eds.), *Exploring applied psychology: Origins and critical analyses* (pp. 41-48). (Master Lectures in Psychology). Washington, DC: American Psychological Association.
Bettelheim, B. (1989). *The uses of enchantment: The meaning and importance of fairy tales.* New York: Vintage.
Bishop, P. A, e Pflaum, S. W. (2005, March). Student perceptions of action, relevance, and pace. *Middle School Journal,* 36(4),4-12. Available: www.nmsa.org/Publications/MiddleSchoolJournal/March2005/Article1/tabid/124/Default.aspx
Blumenfeld, P. C., Soloway, E., Marx, R., Krajcik, J. S., Guzdial, M., & Palincsar, A (1991). Motivating project-based learning: Sustaining the doing, supporting the learning. *Educational Psychologist,* 26(3 & 4), 369-398.

Blythe, T., White, N., & Gardner, H. (1995). *Teaching practical intelligence: What research tells us*. West Lafayette, IL: Kappa Delta Pi.

Bogdan, R. C., & Bicklen, S. K. (1998). *Qualitative research for education: An introduction to theory and methods* (3rd ed.). Boston: Allyn and Bacon.

Born, L., Shea, A, & Steiner, M. (2002). The roots of depression in adolescent girls: Is menarche the key? *Current Psychiatry Reports,* 4, 449-460.

Bos, B., & Chapman, J. (2005). *Tumbling over the edge: A rant for children's play*. Roseville, CA: Turn the Page Press.

Brandt, R. (1993, April). On teaching for understanding: A conversation with Howard Gardner. *Educational Leadership, 50*(7),4-7.

Brewster, D. (2005). *Memoirs of the life, writings, and discoveries of Isaac Newton*. Boston: Elibron Classics.

Bruccoli, M. J., & Layman, R. (1994). 1950's education: Overview. *American Decades.* Retrieved July 6, 2006, from http://history.enotes.com/1950-education-american-decades/overview

Bruner, J. (2004). *Toward a theory of instruction*. Cambridge, MA: Belknap Press.

Burbank Elementary School (Hampton, Virginia). (n.d.). Kindergarten homework [Web page]. Retrieved December 12, 2005, from http://bur.sbo.hampton.k12.va.us/pages/KindergartenWebpage/Homework/Homework.html

Carr, S. (2003, September 28). Growing pains: Public Montessori schools still learning [Online article]. *JSOnline: Milwaukee Journal Sentinel,* Available: www.jsonline.com/story/index.aspx?id=173186

Carr, S. (2004, April 4). Blocks, nap time giving way to language and reading programs [Online article]. *JSOnline: Milwaukee Journal Sentinel.* Available: www.jsonline.com/story/index.aspx?id=219303

Casals, P. (1981). *Joys and sorrows: His own story. Pablo Casals as told toRobert E. Kahn*. London: Eel Pie Publishing.

CBS News. (2004, August 25). The "Texas miracle." *60 minutes Il,* New York: CBS. Available: www.cbsnews.com/stories/2004/01/06/60II/main591676.shtml

Center on Education Policy. (2005, June). *NCLB: Middle schools are increasingly targeted for improvement*. Washington, DC: Author.

Chugani, H. T. (1998, November). Critical importance of emotional development: Biological basis of emotions: Brain systems and brain development. *Pediatrics, 102(5),* 1225-1229.

Chukovsky, K. (1963). *From two to tive*. Berkeley, CA: University of California Press.

Civil Rights Project at Harvard University, The. (2000). *Opportunities suspended: The devastating consequences of zero tolerance and school discipline policies*. Cambridge, MA: The Civil Rights Project at Harvard.

CNN. (1999, August 20). Study: Bullying rampant in U.S. middle schools [Online article]. Available: www.cnn.com/US/9908/20/bullies/index.html

Cole, K. C. (1988, November 30). Play, by definition, suspends the rules. *The New York Times,* p. C16.

Coles, G. (2003, Summer). Learning to read and the "W principIe" [Online article]. *Rethinking Schools Online,* 17(4). Available: www.rethinkingschools.org/special-reports/bushplan/wpri174.shtml

Coles, R. (1991). *The spiritual life of children.* New York: Marriner.
Coles, R. (2000). *The morallife of children.* New York: Atlantic Monthly Press.
Coles, R. (2003). *Children of crisis.* Boston: Back Bay Books.
Colt, S. (2005, September). Do scripted lessons work-or not? [Online article]. Chevy Chase, MD: Hedrick Smith Productions. Available: www.pbs.org/makingschoolswork/sbs/sfa/lessons.html
Comer, J. (2004). *Leave no child behind: Preparing today's youth for tomorrow's world.* New Haven, CT: Yale University Press.
Comte, A. *(1988).Introduction to positive philosophy* (F. Ferré, Ed. & Rev. Trans.). Indianapolis, IN: Hackett. (Original work published in 1830-42)
Cotton, K. (2001, December). *New small learning communities: Findings from recent literature.* Portland, OR: NWREL.
Csikszentmihalyi, M. (2000, April 19). Education for the 21st century. *Education Week,* 19(32),46-64.
Cuffaro, H. K. (1984). Microcomputers in education: Why is earlier better? *Teachers College Record,* 85, 559-568.
Currie, J., & Thomas, D. (1995, June). Does Head Start make a difference? *American Economic Review,* 85(3),341-364.
Curtis, D. (2001a, February 22). We're here to raise kids [Online article]. *Edutopia Online.* Available: www.edutopia.org/php/article.php?id=Art_666
Curtis, D. (2001b, November 1). Classrooms without boundaries [Online article]. *Edutopia Online.* Available: www.edutopia.org/php/article.php?id=Art_885
Cushman, K. (1989, November). At the five-year mark: The challenge of being "Essential" [Online article]. *Horace,* 6(1). Available: www.essentialschools.org/cs/resources/view/ ces_res/76
Delisio, E. R. (2001, July 17). How do you spell "stress relief"? [Online article]. *Education World.* Available: www.educationworld.com/a_issues/issues/issues181.shtml
Denzin, N., & Lincoln, Y. (Eds.). (2005). *The Sage book of qualitative research* (3rd ed.). Thousand Oaks, CA: Sage.
DeVoe, J. F., Peter, K., Kaufman, P., Ruddy, S., Miller, A., Planty, M., et al. (2002, November)./ndicators *of school crime and safety: 2002.* Washington, DC: U.S. Departments of Education and Justice.
Dewey, J. (1897, January). My pedagogic creed. *School Journal,* 54, 77-80.
Diamond, M., & Hopson, J. (1998). *Magic trees of the mind: How to nurture your child's intelligence, creativity, and healthy emotions* from *birth through adolescence.* New York: Dutton.
Dickens, C. (1981). *Hard times.* New York: Bantam.
Dickinson, B. (2001, October 26). Partnership helps local students MUSCLE into math. *Duke* [University] *Dialogue,* p. 12.
Dillon, S. (2006, January 22). College aid plan widens U.S. role in high schools. *The New York Times,* p. 1.
Doda, N. M. (2002). A small miracle in the early years: The Lincoln Middle School story. *In* N. M. Doda & S. C. Thompson (Eds.), *Transforming ourselves, transforming schools: Middle school change* (pp. 21-42). Westerville, OH: National Middle School Association.

Duckworth, E. (1979, August). Either we're too early and they can't learn it or we're too late and they know it already: The dilemma of applying Piaget. *Harvard Educational Review,* 49(3),297-312.

Dukcevich, D. (2003, July 28). College vs. no college [Online article]. *Forbes.com.* Available: www.forbes.com/2003/07/28/cx_dd_0728 mondaymatch.html

Edwards, C., Gandini, L., & Foreman, G. (1998). *The hundred languages of children: The Reggio Emilia approach-Advanced reflections.* Greenwich, CT: Ablex. [165]

Eliade, M. (1994). *Rites and symbols* of *initiation: The mysteries* of *birth and rebirth.* Dallas, TX: Spring.

Elkind, D. (1987). *Miseducation: Preschoolers at risk.* New York: Knopf.

Elkind, D. (1997). *All grown up and no place to go: Teenagers in crisis.* New York: Perseus.

Elkind, D. (2001a). *The hurried child* (3rd ed.). New York: Perseus.

Elkind, D. (2001b, Summer). Much too early. *Education Next, 1*(2), 9-15.

Engelmann, S. (1981). *Give your child a superior mind: A program for the preschool child.* New York: Cornerstone Library.

Engelmann, S., Haddox, P., & Bruner, E. (1983). *Teach your child to read in 100 easy lessons.* Old Tappan, NJ: Fireside.

Epicurus. (1994). *The Epicurus reader: Selected writings and testimonia* (B. Inwood & L. P. Gerson, Eds. & Trans.). Indianapolis, IN: Hackett.

Erikson, E. H. (1935). Psychoanalysis and the future of education. *Psychoanalytic Quarterly,* 4, 50-68.

Erikson, E. H. (1993). *Childhood and society.* New York: W. W. Norton.

FairTest. (2004). *Fact Sheet: "No Child Left Behind" after three years: An ongoing track record* of *failure.* Cambridge, MA: Author.

Feller, B. (2005, August 28). In today's kindergarten, more students in for a full day. Associated Press Wire Release.

Finser, T. (1994). *School as a journey.* Hudson, NY: Anthroposophic Press.

Flavell, J. (1963). *The developmental psychology* of *Jean Piaget.* San Francisco: Van Nostrand Reinholt/John Wiley.

Flesch, R. (1986). *Why Johnny can 't read: And what you can do about it.* New York: Harper.

Foemmel, E. (1997). *Natural resource management internship.* NW National Service Symposium, NWREL, Portland, OR.

Freud, S. (2000). *Three essays on the theory* of *sexuality* (J. Strachey, Trans. & Rev.). New York: Basic Books. (Original work published in 1905)

Froebel, F. (1887). *The education* of *man.* New York: Appleton & Co.

Furger, R. (2001, August 1). The new P.E. curriculum [Online article]. *Edutopia Online.* Available: www.edutopia.org/php/article.php?id=Art_838

Furger, R. (2004a, March 11). The edible schoolyard [Online article]. *Edutopia Online.* Available: www.edutopia.org/php/article.php?id=Art_1131

Furger, R. (2004b, November/December). High school's new face [Online article]. *Edutopia Online.* Available: www.edutopia.org/magazine/ed1article.php?id=Art_1197&issue=nov_04

Furlow, B. (2001, June 9). Play's the thing. *New Scientist, 170*(2294),28-31.
Galileo, G. (2001). *Dialogue concerning the two chief world systems* (S. Drake, Trans.). New York: Modern Library. (Original work published in 1632)
Galley, M. (2003, October 15). Md. Service Learning: Classroom link weak? *Education* Week, *23*(7), 6.
Gambill, J. (2005). *Interesting insects:* 2nd *grade.* Paper presented at the Core Knowledge National Conference, Philadelphia, PA Available: www.coreknowledge.org/CK/resrcs/lessons/05_2_InterestInsects.pdf
Gao, H. (2005, April11). Kindergarten or "kindergrind"? School getting tougher for kids. *San Diego Union Tribune.*
Gardner, H. (1991). *Art education* and human *development.* Los Angeles: Getty Trust Publications.
Gardner, H. (1993). *Frames of mind:* The theory *of multiple intelligences.* New York: Basic Books.
Gardner, H. (1994). Reinventing our schools: A conversation with Dr. Howard Gardner. [Video]. Bloomington, IN: AIT.
Gates, B. (2005, February 26). *Prepared remarks* by *Bill Gates,* co-chair, *National Education Summit* an High *Schools.* Seattle, WA: Bill and MeJinda Gates Foundation. Available: www.gatesfoundation.org/MediaCenter/Speeches/BillgSpeeches/BG SpeechNGA-050226.htm
George Lucas Educational Foundation. (1997, July 1). Right of passage. Edutopia *Online.* Available: www.edutopia.org/php/article.php?id=Art_364
George, R., & Hagemeister, M. (2002). Russia and the *czars:* Grade 5. Core Knowledge Conference, Nashville, TN. Available: www.coreknowledge.org/CK/resrcs/lessons/02_5_RussiaandCzars.pdf
Giedd, J. N. (2004). Structural magnetic resonance imaging of the adolescent brain. *Annals of the New York Academy of Sciences, 1021,* 77-85.
Giedd, J. N., Blumenthal, J., Jeffries, N. O., Castellanos, F. X., Liu, H., Zijdenbos, A, et al. (1999, October). Brain development during childhood and adolescence: A longitudinal MRI study. *Nature Neuroscience, 2*(10), 861-863.
Giedd, J. N., Vaituzis, A. C., Hamburger, S. D., Lange, N., Rajapakse, J. C., Kaysen, D., et al. (1996, March). Quantitative MRI of the temporal lobe, amygdala, and hippocampus in normal human development: Ages 4-18 years. *The Journal of Comparative Neurology, 366*(2), 223-230.
Giray, E. F., Altkin, W. M., Vaught, *G.* M., & Roodin, P. A. (1976, December). The incidence of eidetic imagery as a function of age. *Child* Development, *47*(4), 1207-1210.
Glasser, W. (1975). *Schools without failure.* New York: Harper.
Goertzel, V., Goertzel, M., Goertzel, T., & Hansen, A (2004). *Cradles of eminence: Childhoods of more than 700 famous men and women.* Scottsdale, AZ: Great Potential Press.
Goethe, J. W. von (1989). The sorrows *of young* Werther. New York: Penguin. (Original work published in 1774)
Goldstein, L. F. (2003, April 16). Special education growth spurs cap plan in pending IDEA. Education Week, *22*(31), 1,16-17.

Goleman, D. (1997). *Emotional intelligence: Why it can matter more than IQ.* New York: Bantam.
Goodall, J., & Berman, P. (2000). *Reason for hope: A spiritual journey.* New York: Warner.
Goodman, K. (2005). *What's whole about whole language* (20th anniversary ed.). Muskegon, MI: RDR Books.
Gould, S. J. (1996). *The mismeasure of man.* New York: W. W. Norton.
Halberstam, D. (1993). *The best and the brightest.* New York: Ballantine.
Hansen, L. A. (1998, March/April). Where we play and who we are. *Illinois Parks and Recreation, 29*(2), 22-25.
Harvard Project Zero. (2006). *Active learning practices for schools: Teaching for understanding picture of practice: A year of 8th grade science with Bill McWeeny* [Online resource]. Available: http://learnweb.harvard.edu/alps/tfu/pop3.cfm
Healy, J. M. (1999). *Failure to connect: How computers affect our children's minds – and what we can do about it.* New York: Simon & Schuster.
Henry J. Kaiser Family Foundation. (2004). *Sex education in America.* Menlo Park, CA: Author.
Herbst, J. (1996). *The once and future school: Three hundred and fifty years of American secondary education.* London: Routledge.
Herlihy, C. M., & Kemple, J. J. (2004, December). *The talent development middle school model: Context, components, and initial impacts on students' performance and attendance.* New York: MDRC.
Higgins, L. (2005, January 3). A different way to learn [Online artide]. *Detroit Free Press.* Available: www.freep.com/news/education/micro3e_20050103.htm
Hirsch, E. D., Jr. (1988). *Cultural literacy: What every American needs to know.* New York: Vintage.
Hirsch, E. D., Jr. (1999). *The schools we need and why we don't have them.* New York: Anchor.
Hoffman, E. (1994). *The drive for self: Alfred Adler and the founding of individual psychology.* Reading, MA: Addison-Wesley.
Holt, J. (1995). *How children fail.* New York: Perseus.
Huizinga, J. (1986). *Homo ludens.* Boston: Beacon Press.
Husserl, E. (1970). *The crisis of European sciences and transcendental phenomenology.* Evanston, IL: Northwestern University Press.
Illingsworth, R. S., & Illingsworth, C. M. (1969). *Lessons from childhood: Some aspects of the early life of unusual men and women.* London: E. & S. Livingstone.
Jackson, A. W., & Davis, G. A. (2000). *Turning points 2000: Educating adolescents in the 21st century.* New York: Teachers College Press.
Jacobsen, L. (2000, May 10). Huge middle school tries to feel small. *Education Week, 19*(35), 1, 16-17.
Jones, R. F., Rasmussen, C. M., & Moffitt, M. C. (1997). *Real-life problem solving: A collaborative approach to interdisciplinary learning.* Washington, DC: American Psychological Association.
Jung, C. G. (1969). *Psychology and education.* Princeton, Nl: Princeton University Press.

Juvonen, J., Le, V. N., Kaganoff, T., Augustine, C., Constant, L. (2004). *Focus on the wonder years: Challenges facing the American middle school.* Santa Monica, CA: Rand Corp.

Kantrowitz, R, Wingert, P., Brillner, D., Lurnsden, M., Grunes, L. D., Kotok, D. (2006, May 8). What makes a high school great. *Newsweek, 47*(10), 50-60.

Karp, S. (2003, Novernber 7). The No Child Left Behind hoax [Online text of talk]. *Rethinking Schools Online.* Available: www.rethinkingschools.org/special_reports/bushplan/hoax.shtml

Kaufmann, W. A. (1988). *Existentialism: From Dostoevsky to Sartre.* New York: Plume.

Kemple, J. J., & Scott-Clayton, J. (2004, March). *Career academies: Impacts on labor market outcomes and educational attainment.* New York: MDRC.

Kenniston, K. (1972). Youth: A new stage of life. In T. J. Cottle (Ed.), *The prospect of youth: Contexts for sociological inquiry* (pp. 631-654). Boston: Little, Brown.

Kerka, S. (1999). *New directions for cooperative education* (ERIC Digest No. 209). Columbus, OH: ERIC Clearinghouse on Adult Career and Vocational Education. (ERIC identifier: ED434245)

Kinney, P., & Munroe, M. (2001). *A school wide approach to student-led conferencing.* Washington, DC: National Middle School Association.

Klein, A (2006). Public dissatisfied over key NCLB provisions, report says. *Education Week,* 25(34), 8.

Kleiner, C., & Lord, M. (1999, November 22). The cheating game. *US News & World Report, 127*(2),54.

Klingberg, T., Vaidya, C. J., Gabrieli, J. D., Moseley, M. E., & Hedehus, M. (1999, Septernber 9). Myelination and organization of the frontal white matter in children: A diffusion tensor MRI study. *NeuroReport, 10(13),* 2817-2821.

Knowledge is power. (1957, Novernber 18). *Time, 70(21),* 21-24.

Kohlberg, L. (1981). *The meaning and measurement of moral development.* Worcester, MA: Clark University Heinz Wemer Institute.

Kohn, A (1999). *Punished by rewards: The trouble with gold stars, incentive plans, A's, praise, and other bribes.* Boston: Houghton Mifflin.

Kovalik, S. J. (1993). *ITI, the model: Integrated Thematic Instruction.* Village of Oak Creek, AZ: S. Kovalik & Associates.

Kozloff, M. A, & Bessellieu, F. R (2000, April). *Direct instruction is developmentally appropriate.* Wilmington, NC: University of North Carolina at Wilmington. Unpublished paper. Available: http://people.uncw.edu/ kozloffm/didevelapp.html

Kozol, J. (1992). *Savage inequalities: Children in America's schools.* New York: HarperCollins.

Kozol, J. (2005). *The shame of the nation: The restoration of apartheid schooling in America.* New York: Crown.

La Mettrie, J. O. (1994). *Man a machine; man a plant* (R. A. Watson & M. Rybalka, Trans.).Indianapolis, IN: Hackett. (Original work published in 1748)

Leavitt, S. D., & Dubner, S. J. (2005). *Freakonomics: A rogue economist explores the hidden side of everything.* New York: William Morrow.

LeBar, L. E. (1987, January 1). What children owe to Comenius. *Christian History & Biography,* 13(1), 19.

LeCompte, M. D., & Preissle, J. (1993). *Ethnography and qualitative design in educational research* (2nd ed.). San Diego, CA: Academic.

Lee, J. (2006). Tracking achievement gaps and assessing the impact of NCLB on the gaps: An in-depth look into national and state reading and math outcome trends. Cambridge, MA: The Civil Rights Project at Harvard University. Available: www.civilrightsproject.harvard.edu/research/esea/nclb_naep _lee. pdf

Levinson, D. J. (1986). *Seasons of a man's life.* New York: Ballantine.

Levinson, D. J. (1997). *Seasons of a woman 's life.* New York: Ballantine.

Lewin, T. (2006, February 8). Testing plan is gaining high ratings nation wide. *The New York Times,* p. A19.

Locke, J. (1994). *An essay concerning human understanding.* Buffalo, NY: Prometheus. (Original work published 1690)

Loewen, J. W. (1996). *Lies my teacher told me: Everything your American History textbook got wrong.* New York: Touchstone.

Lounsbury, J. H., & Vars, G. F. (2003, November). The future of middle level education: Optimistic and pessimistic views. *Middle School Journal, 35*(2),6-14.

MacDonald, C. (2005, March 13). It's all work, little play in kindergarten. *Detroit News.*

Maslow, A. (1987). *Motivation and personality* (3rd ed.). New York: HarperCollins.

McLuhan, M., & Fiore, Q. (1967). *The medium is the massage.* New York: Bantam.

Meier, D. (1999-2000, December/January). Educating a democracy: Standards and the future of public education. *Boston Review, 24*(1).

Meier, D. (2002). *The power of their ideas.* Boston: Beacon Press.

Merriam, S. (1998). *Qualitative research and case study applications in education: A qualitative approach.* San Francisco: Jossey-Bass.

Meyer, R. J. (2002, July). Captives of the script: Killing us softly with phonics. *Language Arts,* 79(6),452-461. Available: www.rethinkingschools.org/archive/ 17_04/capt174.shtml

Molnar, A. (Ed.). (2002). *School reform proposals: The research evidence.* Greenwich, CT: Information Age Publishing.

Montessori, M. (1984). *The absorbent mind.* New York: Dell.

Morse, R., Flanigan, S., & Yerkie, M. (2005, August 29). America's best colleges. *U.S. News & World Report, 139*(7), 78.

National Association for the Education of Young Children. (1987). *Standardized testing of young children 3 through 8 years of age.* Washington, DC: NAEYC.

National Association for the Education of Young Children & National Association for Early Childhood Specialists in State Departments of Education. (2003). *Early childhood curriculum, assessment, and program evaluation:* [Online joint position statement). Available: www.naeyc.org/about/positions/pdf/pscape.pdf

National Association of Elementary School Principals. (2004, September/ October). Trends in education-Sept. 2004. *Principal, 84*(1),50-52.

National Association of School Psychologists. (2005). NASP position statement on early childhood assessment [Online document]. Bethesda, MD: NASP. Available: www.nasponline.org/information/pospaper_eca.html

National Center for Education Statistics. (2003). *Violence in U.S. public schools: 2000 school survey on crime and safety-Statistical analysis report.* Washington, DC: Author.

National Commission on Excellence in Education. (1983). *A nation at risk.* Washington, DC: U.S. Govemment Printing Office.

Neill, A. S. (1995). *Summerhill School: A new view of childhood.* New York: St. Martin's Griffin.

Nichols, S. L., Glass, G. V., & Berliner, D. C. (2005, September). *High stakes testing and student achievement: Problems with the No Child Left Behind Act.* Tempe, AZ: Education Policy Studies Laboratory.

Noddings, N. (2005, September). What does it mean to educate the whole child? *Educational Leadership, 63*(1),8-13.

Oakes, J. (2005). *Keeping track: How schools structure inequality.* New Haven, CT: Yale University Press.

Ohanian, S. (2003, December 1). Bush flunks school. *The Nation, 27*(19), 28-29.

Ohmann, R. (2000, January/February). Historical reflections on accountability. *Academe, 86*(1),24-29. Available: www.aaup.org/publications/Academe/2000/00jf/JF00ohma.htm

Olson, L. (2002, January 30). Law mandates scientific base for research. *Education Week, 21*(20), 1, 14-15.

Olson, L. (2005, July 13). Requests win more leeway under NCLE. *Education Week, 24*(42), 20-21.

Patel, J. (2005, May 8). Prescription stimulant abused by some students anxious for edge. *San Jose Mercury News.*

Perlstein, L. (2004, May 31). School pushes reading, writing reform. *The Washington Post,* p. A1.

Perrone, V. (1991). Position paper [Association for Childhood Education International]: On standardized testing. *Childhood Education, 67,*132-142.

Pestalozzi, J. H. (1894). *How Gertrude teaches her children.* London: Swan Sonnenschein.

Piaget, J. (1975). *The child's conception of the world.* Totowa, NJ: Littlefield, Adams.

Piaget, J. (1998). *The child's conception of space.* London: Routledge.

Piaget, J. (2000). *The psychology of the child.* New York: Basic Books.

Plato. (1986). *The dialogues of Plato.* New York: Bantam.

Pope, D. C. (2003). *Doing school: How we are creating a generation of stressed out, materialistic, and miseducated students.* New Haven, CT: Yale University Press.

Pope, J. (2005, July 10). Time off before college can be worthwhile. Associated Press Wire Release.

Powell, A. G., Farrar, E., & Cohen, D. K. (1985). *The shopping mall high school.* Boston, MA: Houghton Mifflin.

Pulliam, J. D., & Van Patten, J. J. (1998). *History of education in America* (7th ed.). Englewood Cliffs, NJ: Prentice Hall.

Rapoport, J. L., Giedd, J. N., Blumenthal, J., Hamburger, S., Jeffries, N., Fernandez, T., et al. (1999). Progressive cortical change during adolescence in childhood-onset schizophrenia: A longitudinal MRI study. *Archives of General Psychiatry,* 56(7), 649-654.

Ravitch, D. (2003a). *The language police: How pressure groups restrict what students learn.* New York: Knopf.

Ravitch, D. (2003b, Spring). The test of time. *Edueation Next, 3*(2), 38.

Ravitch, D. (2003c, Fali). What Harry Potter can teach the textbook industry [Online artic1e]. *Hoover Digest,* 4. Available: www.hooverdigest.org/034jravitch.html

Reyher, K. (2005). NCLB: Accountable for what? *LBJ Joumal Online.* Available: www.lbj/index.php?journal?org/option=content&task=view&id=384

Richmond, G. (1997). *The MicroSociety school: A real world in miniature.* New York: Harper and Row.

Rogers, C. R. (1994). *Freedom to learn.* Englewood Cliffs, NJ: Prentice Hall.

Rosenthal, R., & Jacobson, L. (2003). *Pygmalion in the classroom: Teacher expectation and pupils' intellectual development.* Norwalk, CT: Crown House Publishing.

Ross, J. 8., & McLaughlin, M. M. (Eds.) (1977). *The portable Renaissance reader.* New York: Penguin.

Rothstein, R. (2004, November 2). Too young to test [Online article]. *American Prospect, 15*(11). Available: www.prospect.org/web/page.ww?section=root&name = ViewPrint&articleId=8774

Rousseau, J. J. (1953). *The confessions* (J. M. Cohen, Trans.). New York: Penguin. (Original work published in 1781)

Rousseau, J. J. (1979). *Emile, or on education* (A. Bloom, Trans.). New York: Basic Books. (Original work published 1762)

Rubalcava, M. (2004, Fali). Leaving children behind [Online article]. *Rethinking Schools Online, 9*(1). Available: www.rethinkingschools.org/specialreports/bushplan/leav191.shtml

Rubin, J. S. (1989, March). The Froebel-Wright kindergarten connection: A new perspective. *Journal of the Society of Architectural Historians, 48*(1), 24-37.

Ruddle, M. (2005, December 29). Character counts at Sparrows Point Middle School [Online artide]. *The Dundalk Eagle.* Available: www.dundalkeagle.com/ articles/2005/12/29/news/news01.txt

Segrue, M. (1995). *Great minds part I: Second edition: Ancient philosophy and faith: From Athens to Jerusalem, lecture eight: Republic Vi-X- The architecture of reality.* Springfield, VA: The Teaching Company.

Shah, I. (1993). *The pleasantries of the incredible Mullah Nasrudin.* New York: Penguin.

Shirer, W. L. (1990). *The rise and fall of the Third Reich.* New York: Simon & Schuster.

Siegel, D. (2001). *The developing mind: How relationships and the brain interact to shape who we are.* New York: Guilford Press.

Simpson, J. A., & Weiner, E. S. C. (Eds.). (1991). *The compact Oxford English Dictionary* (2nd ed.). Oxford, England: Oxford University Press.

Singer, D. G., &Singer, J. L. (1990). *The house of make-believe: Children's play and the developing imagination.* Cambridge, MA: Harvard University Press.

Sisk, C. L., & Foster, D. L. (2004, September 27). The neural basis of puberty and adolescence. *Nature Neuroscience,* 7, 1040-1047.

Sizer, T. (1997a). *Horace's hope: What works for the American high school.* Boston: Houghton Mifflin/Mariner.

Sizer, T. (1997b). *Horace's school: Redesigning the American high school.* Boston: Houghton Mifflin/Mariner.

Sizer, T. (2004). *Horace's compromise.* Boston, MA: Houghton Mifflin/Mariner.
Skinner, B. F. (2002). *Beyond freedom and dignity.* Indianapolis, IN: Hackett. (Original work published in 1971).
Sloan, D. (Ed.) (1985). *The computer in education: A critical perspective.* New York: Teachers College Press.
Steiner, R. (1995). *The kingdom of childhood:Introductory talks on Waldorf education.* Great Barrington, MA: Anthroposophic Press.
Steiner, R (2000). *Practical advice to teachers.* Great Barrington, MA: Anthroposophic Press.
Steiny, J. (2005, October 9). Edwatch: Get over passive learning. *Providence Journal.* Available: www.middleweb.com/mw/news/activelearning.html
Stevenson, L. M., & Deasy, R. J. (2005). *Third space: When learning matters.* Washington, DC: Arts Education Partnership.
Sunderman, G. L. (2006). *The unraveling of No Child Left Behind: How negotiated changes transform the law.* Cambridge, MA: The Civil Rights Project at Harvard University.
Taylor, J. L., & Walford, R. (1972). *Stimulation in the classroom.* New York: Penguin.
Tenenbaum, O. (2003, May 1). The V.S. response to Sputnik [Online article]. *The Why Files.* Available: http://whyfiles.org/047Sputnik/main2.html
Terryn, M. (2002). *Real old rap: Grade 8.* Core Knowledge Conference, Nashville, TN: Available: www.coreknowledge.org/CK/resrcs/lessons/02_8_RealOldRap.pdf
Texas Center for Educational Research. (2001, June). *Effective instruction in middle schools.* Austin: Texas Center for Educational Research.
Thompson, P. M., Giedd, J. N., Woods, R P., MacOonald, O., Evans, A. C., Toga, A. W (2000, March 9). Growth patterns in the developing brain detected by using continuum mechanical tensor maps. *Nature, 404,* 190-193.
Trotter, A. (2000, AprilI2). Schools build own ramp onto info highway. *Education Week, 19*(31),14.
Ullman, E. (2005, November). Familiarity breeds content. *Edutopia Online.* Available: www.edutopia.org/magazine/ed1article.php?id=Art_1397&issue=nov_5
U.S. Census Bureau. (2002, July). *The big payoff: Educational attainment and synthetic estimates of work-life earnings.* Washington, DC: U.S. Department of Commerce.
U.S. Department of Education. (2002, January 7). *Executive summary: The No Child Left Behind Act of 2001.* Washington, DC: U.S. Department of Education.
U.S. Department of Education. (2003, December).*Identifying and implementing educational practices supported by rigorous evidence: A user friendly guide.* Washington, DC: Institute of Education Sciences.
Van Dusen, L. M., & Edmundson, R S. (2003, October*). Findings of the comprehensive summative evaluation of the JA Job Shadow Program.* Logan, UT: Worldwide Institute for Research and Evaluation.
van Gennep, A. (I 961). *The rites of passage.* Chicago: University of Chicago Press.
Vinovskis, M. A (1998). *Overseeing the nations report card: The creation and evolution of the national assessment governing board (NAGB).* Washington, DC: U.S. Department of Education.

Vogler, K. E. (2003, March). An integrated curriculum using state standards in a high-stakes testing environment. *Middle School Journal, 34*(4),5-10.
Von Zastrow, C., & Janc, H. (2004, March). *Academic atrophy: The condition of the liberal arts in America s public schools.* Washington, DC: Council for Basic Education.
Vygotsky, L. S. (1929). The problem of the cultural development of the child II. *The Pedagogical Seminary and Journal of Genetic Psychology, 36*(3),415-432.
Wade, C. K. (2004, November 3). Short-order education. *Education Week, 24*(10),3.
Wallis, C., Miranda, C. A, Rubiner, B. (2005, August 8). Is middle school bad for kids? *Time, 166*(6),48-51.
Walters, J., & Gardner, H. (1986). The crystallizing experience: Discovery of an intellectual gift. In R. Sternberg & J. Davidson (Eds.), *Conceptions of giftedness.* New York: Cambridge University Press.
Wasley, P. A, Fine, M., Gladden, M., Holland, N. E., King, S. P., Mosak, E., & Powell, L. C. (2000). *Small schools: Great strides: A study of new small schools in Chicago.* New York: Bank Street College of Education.
Werner, H. (1980). *Comparative psychology of mental development.* New York: International Universities Press.
Whitehurst, G. l. (2001, September). Much toe late. *Education Next,* 1(2),9, 16-20.
Wigginton, E. (1973). *The Foxfire book: Hog dressing, log cabin building, mountain crafts and foods, planting by the signs, snake lore, hunting tales, faith healing, moonshining.* New York: Anchor.
Wikipedia. (n.d.). The social conception of discourse [Online section]. Discourse [Web page]. *Wikipedia, the Free Encyclopedia.* Retrieved February 18, 2006, from http://en.wikipedia.org/wiki/Discourse
Wilgoren, J. (2001, January 7). In a society of their own, children are learning. *The New York Times,* B9.
Williams, W. M., Blythe, T. , White, N., Li, J., Sternberg, R. J., & Gardner, H. (1996). *Practical intelligence for school.* New York: HarperCollins College.
Wilson, N. (2005, December 14). Kids helping kids. *San Luis Obispo Tribune.* Available: www.sanluisobispo.com/mld/sanluisobispo/13402915.htm
Wiltz, S. M. (2005, luly/August). Bridging the preK-elementary divide. *Harvard Education Letter.* Available: www.edletter.org/current/bridging.shtml
Winerip, M. (2005, October 5). One secret to better test scores: Make state reading tests easier. *The New York Times,* B11.
Winnicott, D. W. (1982). *Playing and reality.* London: Routledge.
Wisdom of the ages [Online article]. Available: http://members.aol.com/tigerlink/quotes.htm
Yeche, C. P. (2005, September). *Mayhem in the middle.* Washington, DC: Thomas B. Fordham Institute.
Zehr, M. A. (2005, January 12). New York City offers Firefighting 101 at New York high school. *Education Week, 24*(18), 7.
Zepeda, S. J., & Mayers, R. S. (2002). A case study of leadership in the middle grades: The work of the instructional lead teacher. *RMLE Online, 25*(1), 1-11.
Zernike, K. (2000, October 23). No time for napping in today's kindergarten. *New York Times,* A1.

Índice

Observação: as referências a figuras são indicadas pela letra *f.*

1818 Report of the Commissioners for the University of Virginia, 49-50

A educação do homem (Froebel), 59-60
A Nation at Risk, 32-33, 46
A representação do mundo pela criança (Piaget), 78-79
Abordagem voltada à vida profissional, 146
Abraham Lincoln Middle School, 126
Adderall (estimulante), 37
Adolescência, início, 115-116, 118-120
Adolescência, meio e final da, 139-141
Alexander, William, 115-116
Alunos
  "Cola" e plágio, 36
  Conexão e crescimento emocionais, 123-124, 131-132, 133-134
  Estresse, 38-39
  Fortalecimento dos, 132
  Metacognição dos, 128-129
  Papéis do aluno e do professor, 144
  Problemas sociais dos, 68, 70-71
  Recursos ilegais usados pelos, 37-38
  Relações entre aluno e adulto, 125-127
  Variação nos pontos fortes dos, 65-66
America 2000, 33
Aprendizagem baseada em fatos, 105-106
Aprendizagem baseada em projetos, 113
Aprendizagem de serviços à comunidade, 148
Aprendizagem profissional, 147-148
Aprendizagem, valores intrínsecos da, 40-41
Association for Childhood Education International, 85
Auld, Janice, 105
Avaliação ipsativa, 52-53
Aviation High School, 145

Begman, Ingmar, 101
Behaviorismo, 104

Benjamin Franklin Middle School, 131
Binet, Alfred, 28
Brincar, importância na infância, 80-82
Broad Meadows Middle School, 133
Bullying, 122, 125

Cardinal Principles of Secondary Education (NEA), 50
Central Middle School, 131
Ciências sociais, 22-23
Clarkson School of Discovery, 129-130
Coalition of Essential Schools, 141-142, 144
Coles, Robert, 61
Comenius, João Amos, 57
Committee of Ten, 27-28
Committee on Secondary School Studies (1893), 27-28
Computadores, 85-86
Conexões emocionais, 123-124, 131-132, 133-134
Craig Montessori Elementary School, 111
Crescimento e desenvolvimento, 41-42
Cultura influenciada pela corporação, 27
Currículo
  Currículo com base em padrões, 95-96
  Foco nas disciplinas centrais, 33-34
  Fragmentado no ensino médio, 122-123
  Individualizado, 51
  Padronizado, 23
  Participação do aluno no desenvolvimento do, 126-127
Currículo baseado em padrões, 95-96
Currículos das inteligências múltiplas, 113
Cursos para *Advancement Placement*, 138

Dados de pesquisa, e pedagogia, 25, 34-35, 53-55, 76

Desenvolvimento do cérebro
  Início da adolescência, 118-119
  Meio e final da adolescência, 139-141
  Primeira infância, 79-80
  Sobre o, 63-64
Desenvolvimento Humano, e escolas, 47-48, 72-73, 156f, 157f
Desenvolvimento social, 64-66
Desnível dos resultados, 95-96
Dewey, John, 60
Diferenças culturais, 40
Direct Instruction (ID), 34-35, 104-105
Discurso de Resultados Acadêmicos
  Aspectos do, 22-27
  Conseqüências negativas, 33-42
  Definição, 20-22
  História do, 27-33, 29f
  Palavras-chave, 42-44
  Vs. Discurso do Desenvolvimento Humano, 49f
Discurso do Desenvolvimento Humano
  Conseqüências positivas do, 63-64, 73
  Definição, 47-48
  História, 57-64, 58F
  Palavras-chave, 74-75
  Sobre o, 20, 45-47
  Vs. Discurso de Resultados Acadêmicos, 49f
DISTAR (Direct Instruction System for Teaching Arithmetic and Reading), 104

Educação científica, 21-22
Educação com base na comunidade, 109-110
Educação cooperativa, 148
Educação da primeira infância
  Melhores práticas, 88-92, 93f
  Necessidades de desenvolvimento, 78-80
  Práticas inadequadas ao desenvolvimento, 82-87, 91-92, 93f

Propósito principal da, 80-82
Sobre, 77-78
Educação especial, 66
Educação física, 22
educação musical, 22, 33-34, 129-130
Educação no ensino fundamental
　Melhores práticas, 108-113
　Necessidades de desenvolvimento, 98-99, 98f
　Práticas inadequadas ao desenvolvimento, 98f, 102-108
　Propósito central da, 100-102
　Sobre a, 95-98
Educação no ensino médio
　Melhores práticas, 124-134
　Necessidades de desenvolvimento, 118-120
　Práticas inadequadas ao desenvolvimento, 117f, 121-124
　Sobre a, 115-117
Educação no nível médio
　Melhores práticas, 144-150
　Necessidades de desenvolvimento, 139-141
　Práticas de desenvolvimento inadequado, 141-143, 142f
　Sobre a, 137-138
Educação para a saúde e para o bem-estar, 130-131
Educação por meio da arte, 22, 33-34, 129-130
Educação preparatória para a faculdade, 27-28, 138-139, 155-156
Educação sexual, 130-131
Educação vocacional, 22
Educação voltada às habilidades para a vida, 22
Educação, etimologia da, 49-50
Electrical Academy at Edison High School, 146
Elementary and Secondary Education Act, 31, 66

Eliot, Charles, 27
Elkind, David, 63, 83
Emílio (Rousseau), 57-59
Empreendimentos empresariais, 147
Engelmann, Sigfried, 104
Ensino da escrita, 21, 102-104, 132-133
Ensino de história, 22-23, 107
Ensino de leitura, 21-22, 30, 83-84, 102-104
Ensino de matemática, 21-22, 83-84, 102-104
Ensino individualizado, 23
Ensino temático, 113
Ensino voltado aos testes, 35
Envolvimento dos pais, 128
Equidade, na educação, 155
Erikson, Erik, 61, 102
Escola *shopping center*, 141-142
Escola-laboratório (University of Chicago), 60
Escolas independentes, 145-146
Escolas MicroSociety, 108-109
Escolas Montessori, 110-111
Escolas Reggio Emilia, 89-90
Escolas voltadas a uma área do conhecimento, 145-146
Estilos de aprendizagem, 23, 40
"estratégia do murmúrio", 96-97
Estresse, 38-39
Estrogênio, 118
Estudantes afro-americanos, 39-40
Estudantes latinos, 39-40
Estudo de línguas estrangeiras, 22-23
Estudos interdisciplinares, 113
Every Kid a Winner: Accountability in Education (Lessinger), 32
Existencialismo, 54-55
Experiencial, 50-51
Exploratorium (San Francisco), 112

FDNY High School for Fire and Life Safety, 145-146

Felicidade, 56
Fenomenologia, 54-55
Flesch, Rudolf, 30
Foco nas disciplinas acadêmicas centrais, 33-34
Folhas de exercícios, 107-108
Fonética, 30, 104
Fox Cities Apprenticeship Program, 109-110
Foxfire School, 110
Freud, Sigmund, 61
Froebel, Fredrich, 59-60
Fundação Eyes to the Future, 128
Fundos para a educação
　Acesso restrito aos, 35
　Envolvimento federal, 31

Gardner, Howard
Gates, Bill, 137-138
Generatividade, 67
Goals 2000: Educate America Act, 33
Goodall, Jane, 101
Governo federal americano, 31-33

Hand Middle School, 130
Harry Hurt Middle School, 127
Head Start, 31
Helen King Middle School, 127
Highland Elementary School, 103
Hirsch, E. D., Jr., 105-106
How Gertrude teaches her children (Pestalozzi), 59
Humanismo, 54-55
Humanitarismo, 67

Iluminismo, 54
Imaginação eidética, 79
Imaginação, 79
"Impedindo o desnível", 154-155
Improving America's Schools Act, 33-34
Incentivando a independência, 142

Individual with Disabilities Education Improvement Act (IDEA), 31
Inteligências múltiplas, teoria de Gardner sobre as, 103
Interações com os adultos, 125-127
Internatos, 146-147
Intervalo, 87
Intimidade, 140-141
Iowa Test of Basic Skills, 28-30
Isenção educacional, 149-150

Jefferson, Thomas, 49-50
John Morses Waldorf Methods School, 91

Knotty Oak Middle School, 129
Komensky, Jan Amos, 57
KURA-LP (98.9 FM), 147

Lançamento do Sputnik, 30-31
Lei para as crianças com dificuldades específicas de aprendizagem, 66
Lewis Middle School, 125
Lister, Joseph, 101
Literatura, 21-22, 107
Livros didáticos, 107-108

Madison Junior High, 130
Malaika Early Learning Center, 41
Marco Aurélio, 56
Martin Luther King Jr. Middle School, 127
Math understanding through the Science of Life (Entendimento da matemática por meio da ciência da vida), 128-128
Mayhem in the Middle (Fordham Institute), 116-117
Métodos de avaliação, 50-51, 52-53
Metropolitan Achievement Test, 28
mielinação, 80
"Minha crença pedagógica" (Dewey), 60

Modelos positivos, 128-128
Montessori, Maria, 61-62
Museus infantis, 111-112
Myers Elementary School, 109

National Comission on Excelence in Education, 32
National Assessment of Education Progress, 31, 66
National Association for the Education of Young Children (NAEYC), 84
National Defense Education Act, 31
No Child Left Behind Act of 2001 (NCLBA), 20-21, 31, 47
Notas, 22-23, 40-41

Oakland Health and Bioscience Academy, 146
Oakland Technical High School, 146
Opal School, 112
Orientação, 148

Papert, Seymour
Pedagogia
  E pesquisa, 25, 34, 53-55
  Inovação e diversidade em, 71-72
  Na escola de ensino médio, 141-143
Pensamento crítico, 22
Percepção fisionômica, 79
Período romântico, 54-55
Pestalozzi, Johann Heinrich, 59
Piaget, Jean, 62-63, 78-79, 83, 98-99
Plágio, 36-37
Políticos
  Controle e poder, 26, 37-38, 55-56
Portfólios, 84
Portland Children's Museum, 112
Positivismo, 54
Potencial humano, 68-69
Pré-escola em turno integral, 87
Pré-escola, 59-60, 87

Preparação para a vida profissional, 155-157
Preparação para o mundo real, 140-141, 143, 155-157
Pressão acadêmica, 143
Problemas disciplinares, 70-71
Profecias que se cumprem, 69
Professores
  Fortalecimento dos, 69-70
  Papéis do aluno e do professor, 144-145
  Substitutos, 122
Profissionais da educação, 36-39
Programas de ensino prontos, 104-105
Projeto Practical Intelligence for School, 129
Prontidão, 24
Proteção ao emprego, 149
Puberdade, começo, 118-120

Rabun Gap-Nacoochee School, 109-110
Relações entre aluno e adulto, 125-127
Reprovação, 39-40
República (Platão), 57
Resolução de problemas, 22
Responsabilidade, 31-32, 66
Resultados, 22
Richmond, George, 108-109
Ritalina, 37
Rituais de passagem, 119-120
Roseville Community preschool (RCP), 88-89
Rotulação, 66
Rousseau, Jean-Jacques, 57-59

Salas de aula simuladas, 113
Salem High School, 147
Segurança, na escola, 122, 124-126
Sinestesia, 79-80
Sistema consultivo, 126
Sistema *Core Knowledge*, 105-106
Sizer, Theodore, 141-142

Sparrows Point Middle School, 125
Stanford Achievement test, 28
Stanford-Binet Intelligence test, 28
Steiner, Rudolf, 62-63
Subdivisões (*tracking*), 141-142

Talent Middle School, 132
Tamanho da escola, 121-122, 125-126
Tarefa de casa, 86-87
Teatro (dramatização), 22-23, 33-34, 129-130
Tecnologia da Informação (TI), 22
Teller, Edward, 30
Teoria das inteligências múltiplas de Gardner, 103
Terman, Lewis, 28-30
Testes padronizados
   Artificialidade dos, 50
   Ensino voltado aos testes, 35
   História dos, 28
   Na primeira infância, 84-85
   Sobre os, 22-23
Testosterona, 118

The Best and the Brightest (Halberstam), 67
Thorndike, Edward L., 28-30
Tolenas Elementary School, 110
Tomada de decisões, 132
Transtorno de déficit de atenção (TDA); Transtorno de déficit de atenção/hiperatividade (TDAH), 86
Turning points 2000: Educating Adolescents in the 21st century, 123

Van Dyke, Henry, 56
Violência nas escolas, 122, 124-126
Vygotsky, Lev, 63-64

Walden III Middle School, 134
Waldorf Education, 62-63, 90-92
Weaving Resources Program, 111-112
Webb Middle School, 132, 134
Werner, Heinz, 79
West Hawaii Explorations Academy, 145
Why Johnny can't read? (Flesch), 30
Wigginton, Eliot, 109-110